박물관에서 찾아낸
옛 사람의 지혜

글 · 사진 정인수

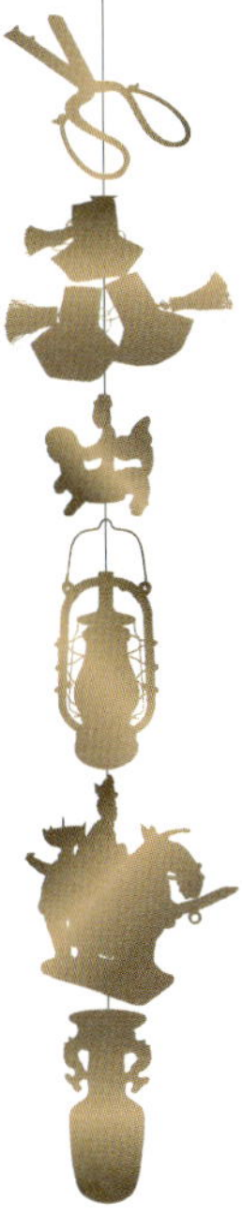

지은이 | 정인수
펴낸이 | 최병식
펴낸날 | 2010년 7월 10일
펴낸곳 | 주류성출판사
서울시 서초구 서초동 1308-25번지 강남오피스텔 1309호
전화 | 02-3481-1024 / 전송 | 02-3482-0656
www.juluesung.co.kr
e-mail | www.juluesung@yahoo.co.kr

책 값 | 10,000원
ISBN 978-89-6246-043-8 03380

* 잘못된 책은 바꿔 드립니다.

박물관에서 찾아낸
옛 사람의 지혜

글 · 사진 정인수

지은이 **정인수**

1961년 충남 공주에서 태어나 1988년 연세대학교 국문학과를 졸업했다.

대기업 홍보실을 다니다 출판사와 잡지사에서 책과 잡지를 오랜 시간 만들었다. 특히, 기업 사외보와 여행잡지 편집장을 지내며 전국 방방곡곡을 취재했으며, 그때 우리나라가 얼마나 아름다운지, 곳곳에 소중한 문화재가 얼마나 많은지 깨달았다. 그때의 경험을 살려 지금은 우리 국토의 아름다움과 우리 문화의 소중함을 알리고자 집필에 힘쓰고 있다.

저서로는 〈사찰기행〉, 〈어린이가 꼭 가봐야 할 박물관〉 시리즈와 〈내가 찾은 도공〉 등이 있다.

머리말

재미도 있지만 참, 희한한 것이 역사인 것 같다. 확실하다고 믿은 사실이 시간이 지나면 허구가 되기도 하고, 허무맹랑한 이야기가 역사로 되살아나기도 한다. 트로이 유적을 발굴한 독일의 고고학자 하인리히 슐리만이 대표적인 예다. 그는 호머의 「일리어스」를 신화가 아니라 역사적 사실이라고 믿고 그 유적을 찾아 나섰다. 당시 누구나 그의 행동에 이렇게 말했을 것이다.

"저 친구 미쳤나 봐?"

그러나 그는 트로이 유적을 찾아냈으며, 미케네 문명도 역사적 사실임을 증명해냈다. 그 바람에 사업가이던 그가 그리스 선사고고학의 선조로 추앙받고 있다.

그런데, 역사에는 그런 일들이 비일비재한 것이다. 예를 들어 필자가 학교에 다닐 때만 해도 이렇게 생각했다.

'왜 우리나라에는 공룡이 살지 않았을까?'

그러나 요즘엔 그렇게 생각하는 사람은 아무도 없다. 고성 상족암 일대는 수천 개의 공룡발자국이 찍혀 있고, 전국 곳곳에서 공룡 화석도 꽤 발굴되었다. 약 1억 5천만 년 전에는 한반도가 공룡제국의 수도였다고 말할 정도다.

그래서 필자는 역사학은 확실한 증거를 찾는 학문이기에 앞서 풍부한 상상력이 필요하지 않을까 생각한다. 그런데, 그냥 상상만 해서는 물론 안 될 것이다. 여기에도 좋은 예가 있으니 일본의 구석기 유적 조작극이다. 후지무라 신이치라는 고고학자는 '신의 손'이라는 별명을 가진 사람이었다. "여기 한 번 파 보겠습니다. 틀림없이 구석기 유물이 나올 것 같습니다."

그가 이렇게 말한 곳을 파면 어김없이 구석기 유물이 나왔다. 그래서 1990년대만 해도 13만 년 전 중기구석기 유적밖에 없었던 일본에 무려 50만 년 전 구석기 유적지까지 있다고 했고, 그것이 고등학교 교과서에 실렸다. 그 정도면 한반도는 물론 중국 대륙에 못지 않은 구석기 유적을 일본이 갖추게 되는 것인데, 이를 수상히 여긴 마이니치신문이 2000년에 몰래카메라를 설치해 후지무라 신이치가 구석기 유물을 땅에 묻는 장면을 포착해냈다. 그런 줄도 모르고 며칠 뒤 후지무라 신이치는 평소 때처럼 이렇게 주장했다.

"70만 년 전 구석기 유적지를 찾았다."

마이니치신문은 몰래카메라와 후지무라 신이치의 발표 등을 묶어 조작 사건을 대서특필했다. 이 사건으로 일본 역사학계는 세계적인 망신을 당했으며, 후지무라 신이치가 그간 발굴한 10여 곳의 유적지도 전면 재조사에 들어갔고, 물론 교과서에서도 해당 사항이 빠졌다. 와세다 대학은 입학시험으로 그가 발굴해낸 구석기 유적에 대한 문제도 냈다는데 이만저만 망신이 아닐 수 없다.

만일 몰래카메라가 없었다면, 아니 마이니치신문이 살짝 눈을 감아 줬더라면 어떻게 되었을까? 아마도 지금쯤 일본에는 100만 년 전 구석기 유적까지 있다고 호들갑을 떨지 않을까. 아니면 500만 년 전 지구 최초의 인류를 찾아냈다고 할 지도 모를 일이다.

이러한 일화들을 접하면 역사란 움직이는 거야, 라는 생각이 든다. 끊임없이 새로운 사실이 등장하고, 역사책은 다시 씌어진다. 그런 의미에서 보면 박물관에 있는 유물들은 그냥 박제된 것들이 아니다. 대부분 다른 것과 연계가 되어 있어 어느 순간 갑자기 스포트라이트를 받기도 하고, 어느 순간에는 더 나은 것에 슬그머니 자리를 내주고 퇴장하기도 한다.

필자는 되도록 그런 유물들을 소개하고자 했다. 즉, 논란의 중심에 서 있는 것들, 그리고 희한한 것들을 다루고자 한 것이다. 또한 사라져버리고 있는 것들도 비중 있게 다루었다.

필자는 본래 역사학도는 아니므로 깊이 있게 다루지는 못했다. 그러나 흥미를 주려고 노력했다. 그리고 무엇보다도 중요한 것은 상상력이다. 단 1%라도 가능성이 있다면 그것은 매우 높은 확률이다. 이 책이 독자들에게 좀 다른 생각을 할 수 있도록 도움이 되었으면 하는 바람이다.

끝으로, 이 책의 출간에 힘써 주신 주류성출판사 사장님과 편집부 식구들, 특히 수개 월 동안 원고 집필을 묵묵히 기다려주신 이사님께 감사를 드린다.

살피재에서 정인수

목 차

고조선 유물

명도전은 중국 화폐인가?

칼처럼 생겼으니 참 희한한 돈이다. 명도전은 칼자루에 한자 명(明) 자가 새겨져 있어서 붙인 명칭이나 글자의 형태가 명확하지는 않다. 흥미로운 것은 명도전이 중국 화폐만은 아니라는 설이다. 1935년 평안북도 강계 지역에서 수천 개의 명도전이 출토되는 등 한반도 서북 지역에서 많은 명도전이 발굴되고 있다는 것은 곧 고조선도 명도전을 만들었다는 증거라는 것이다.

고조선에서 사용되던 명도전은 손잡이 부분에 원형 구멍이 있다. (국립중앙박물관)

과연 그럴까? 고조선에는 어떤 화폐가 있었을까? 「동국사략」이나 「해동역사」라는 책에는 기원전 957년 기자조선 흥평왕 때 자모전이라는 화폐를 만들었다는 기록이 나온다지만 전하는 유물이 없어서 사실 유무는 알 길이 없다. 그러나 명도전만큼은 고조선에서도 만들었을 가능성은 충분하다.

우선 형태가 중국 것과 한반도의 것이 다르다는 점을 들 수 있다. 중국 것은 손잡이에 구멍이 사각형인데 반해, 한반도에서 출토된 것들은 원형이다. 그리고 어떤 학자들은 칼자루에 새겨진 글자가 밝을 명 자가 아니라 우리의 옛글자인 *가림토 글자라고도 주장한다.

명도전이든 혹은 자모전이든 분명 고조선에도 화폐는 있었을 것으로 추측하는데, 가장 믿을 만한 증거로는 팔조법금이다. 「한서」의 '지리지'에 나오는 고조선의 팔조법금 중에는 '도적질 한 자는 노예로 삼는데, 재물을 바치고 죄를 면하고자 하면 50만 냥을 내야 한다.'는 것이 있다.

만일 명도전이 중국만 사용했던 화폐라면 왜 고조선 지역에서 이렇듯 많은 명도전이 출토되는 것인가? 그것을 단순히 교역량이 많았다고 설명하는 것은 한계가 있다.

위) 평안북도 강계 지역에서 명도전이 출토된 모습.

아래) 한국식 동검. 고조선의 표지 유물이다.

그러면 중국의 명도전은 언제부터 사용했을까. 유물을 통해 보면 전국 시대다. 연나라와 조, 제 등에서 많이 사

* 가림토 : 「환단고기」 '단군세기'에 따르면 3세 단군인 가륵 재위 2년(기원전 2181년)에 단군이 삼랑 을보륵에게 명하여 정음(正音) 38자를 만들게 했다고 한다.

용했는데, 그중에서도 연나라는 무수히 많은 명도전을 제작해 중국 전역에서 출토되고 있다. 그래서 명도전 하면 중국의 화폐로만 여기는 경향이 강하다. 그러나 한 가지 의문이 생기는 것은 고조선은 2000년 이상 존속한 장수 국가이다. 그렇게 오래 존속한 고조선이 자체 화폐 없이 중국 화폐만을 사용했을까?

평안북도 의주 미송리에서 출토된 토기. 흔히 '미송리형 토기'라 부르는 것으로 고조선 유물로 추정된다.

아무튼 고조선에 관한 기록이 거의 남아 있지 않아 명도전뿐 아니라 많은 부분이 베일에 가려 있다. 고조선은 분명 우리의 역사에서 첫 국가로 당당히 등장하면서도 신화로만 치부하는 경향도 있었다. 일제의 식민지 사관의 후유증이며, 유물이 많지 않은 것도 한 가지 이유가 된다.

그러나 최근 고조선은 역사의 나라로 우리 앞에 우뚝 섰다. 바로 국립중앙박물관에서 한국 박물관 100주년(1909년 이왕가박물관이 최초)에 맞춰 고조선실을 만든 것이다. 이곳에는 고조선 유물 100여 점과 관련된 유물 100여 점 등 총 200여 점의 유물이 전시되어 있는데, 당연히 명도전은 중요한 유물로 전시되어 있다.

낙랑, 어떻게 볼 것인가?

아주 오래된 화장품 병이다. 평양 부근의 남정리 고분 116호에서 출토된 것으로 시기는 2세기, 그러니까 낙랑 유물이다. 옛 유물 중에서 화장품 병은 매우 드물거니와 모양 또한 완벽해 놀라움을 준다. 혹시 낙랑공주가 쓰던 건 아닐까, 하는 재미있는 상상도 해 본다.

홍미로운 것은 낙랑이라는 명칭이다. 지방 이름도 아니요, 국가 명칭도 아닌 한사군의 한 지역 이름인데, 이 낙랑이 무려 400여 년 간이나 이 땅에 존재했음이다. 중국 한 무제가 기원전 108년 위만조선을 쓰러트리고 세운 한사군은 낙랑군과 대방군, 현도군과 임둔군을 말하는데, 다른 군들은 그리 오래 존속되지 않았으나 유독 낙랑군만은 313년 고구려 미천왕에게 정복될 때까지 400년이 넘도록 유지했다. 그 기간 동안 중국은 여러 차례 홍망성쇠 하였으니 과연 낙랑군이 계속 중국의 지배를 받았을까, 하는 의문이 든다.

평양 남정리 고분 116호에서 출토된 낙랑의 화장품 병(국립중앙박물관).

낙랑군에 대한 연구는 일제강점기 때 일본 사학자들이 집요하리만큼 추구했는데, 그 이유는 우리의 역사를 타율성으로 몰아세우기 위해서였다. 낙랑의 우수한 문화 유물을 다량으로 발굴해서 '이것 봐, 한반도는 중국이 지배했잖아?' 라고 주장하려는 것이 주된 목적이었던 거였다.

실제로 낙랑 유물은 부지기수로 나왔다. 현재 국립중앙박물관에 소장된 것만도 5천 점이나 될 정도로 일본은 낙랑 유물 수습에 적극적이었던 것이다. 그 양이 너무 많아서 해방이 된 뒤 북한이나 남한이나 한때 낙랑은 일본의 조작이었다고 생각해 왔으며, 특히 북한은 아직도 부정할 정도이다. 하지만 여전히 북한 땅에는 1500여 기나 되는 낙랑 시대 고분이 남아 있으며, 유물이 속속 발굴되고 있으니 낙랑의 존재는 부정할 수 없는 사실이다.

낙랑에서 사용된 동경.

어느 학자는 낙랑이 초기 백제라고도 주장한다. 실제 백제는 온조가 한강 유역에 세운 것인데, 한강이 아니라 대동강 유역이라는 주장이다. 이것은 여러 가지 상황을 고려할 때 신빙성이 떨어진다.

낙랑에 대해 그나마 가장 합리적인 결론은 낙랑이 고조선과 중국의 문화를 융합한 또 하나의 문화를 이룬 국가

체제였다는 것일 게다. 확실히 낙랑의 유물을 보면 고조선다운 것도 많고 중국다운 것도 많다. 우선 무덤과 동검은 여전히 고조선의 영향을 받았다. 예를 들어 동검의 경우는 중국식의 비파형이 아니라 고조선식의 세형이다.

그럼 낙랑은 우리의 역사로 받아들여야 하나, 아니면 중국의 일부로서 여겨야 하나 라는 문제점이 생긴다. 국립중앙박물관에서 고조선실을 만들기 전만 해도 낙랑은 그저 한 귀퉁이에 유물만 소개되었을 뿐 우리 문화의 일부로 여기는 경향은 없었다. 그러나 2009년 한국박물관 100주년을 맞으면서 신화 속에 머물던 고조선을 역사로 당당히 편입시켰고, 낙랑 역시 우리 문화의 한 부분으로 다룰 수 있게 되었다.

석암리 9호 분에서 출토된 청동박산향로.

낙랑은 존재 당시 앞선 문화를 갖고 있어 주변국인 고구려에 큰 영향을 끼쳤다. 한자를 보급하여 사람들 간 커뮤니케이션을 증대시켰으며, 철기 문화를 대거 유입하여 주변국들이 고대 국가의 기틀을 확실하게 다지는 계기를 마련했다. 그리고 일반적인 생활용품은 물론 예술문화도 한 단계 높았는데, 이러한 문화의 융성은 고조선에 팔조법금이 있었듯 낙랑에는 60가지 법이 있었다는 것을 봐도 알 수가 있다. 곧 낙랑은 오랜 동안 유지하면서 매우 융성했던 것이다. 그 흔적을 엿볼 수 있는 것이 바로 화장품 병이다.

그리고 또 하나 특이한 것이 청동으로 만든 박산향로이다. 평양의 석암리 9호분에서 발굴된 박산향로는 1세기경의 유물이다. 박산이란 신선이 산다는 이상향을 말하는데, 이는 한나라 때 유행한 형식이다. 1993년 12월 부여의 능산리 고분에서 발굴되어 세상을 깜짝 놀라게 한 백제금동대향로도 바로 박산향로이다. 산봉우리 사이에 난 구멍을 통해 향이 나오도록 되어 있어 신비감을 더한다.

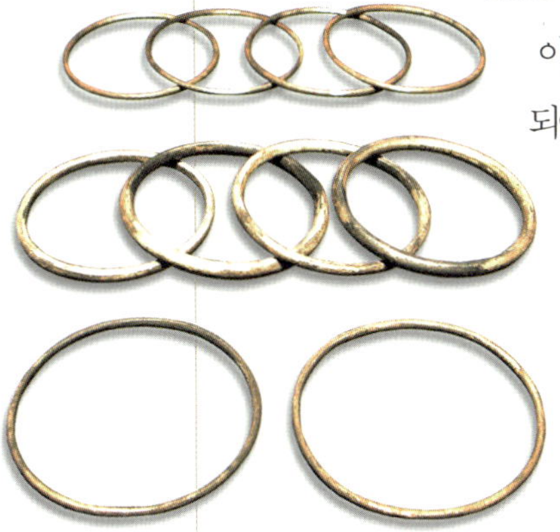

석암리 253호 분에서 출토된 은팔찌.

평양 등 북한 지역에 남아 있는 낙랑 시대의 고분들에서는 와당과 인장, 말 관련 유물, 봉니(고대 중국에서 문서나 귀중품의 봉함을 할 때 사용한 진흙덩이), 청동거울, 오수전과 화천 등등 매우 많은 유물들이 나온다. 이중에서 화천은 엽전으로 한반도 남쪽은 물론 일본에서도 출토되어 낙랑이 일본과도 교류하였음을 보여주는 유물이다.

낙랑은 현재 우리 문화의 일부로 편입시키는 것이 대세다. 만일 우리가 다루지 않는다면 낙랑은 대체 어디에 속한단 말인가. 우리나라 사람과 외국인과의 사이에 태어났다고 해서 한국인이 아니란 말인가. 그동안 박제되어 있었던 낙랑의 유물은 이제 생생하게 우리 앞에 우리 문화의 일부로 되살아나야 한다는 생각이다.

기마 인물형 토기와 유리병

신라의 지배층은 흉노족의 후예였을까?

아마, 기마 인물형 토기는 한두 번쯤은 들어봤을 게다. 말을 탄 인물 토기인데, 현재 국보로 지정된 것은 두 종류다. 먼저 사진에서 보는 것은 국보 제91호로 1924년 경주시 노동동 금령총에서 출토되었다. 본래 두 개가 나왔는데, 신분이 달랐던 것을 알 수 있다. 즉, 한 명은 높은 사람이고 다른 하나는 그보다는 아랫사람인 듯하다.

1924년 금령총에서 발굴된 기마 인물형 토기. 좌측이 지체 높은 사람, 우측은 그보다 낮은 사람인 듯하다

한편 김해에서 출토된 가야의 기마 인물형 토기는 말을 탄 무사를 표현한 것이다. 받침은 가야의 굽다리 접시와 동일한 형태이며, 뒤에는 쌍뿔 모양의 잔을 세워놓았다. 국보 제275호로 지정되었으며 경주박물관에 소장되어 있다. 이들 토기에는 1500여 년 전 시간이 고스란히 정지되어 있다. 말 관련 장비는 물론, 무사의 모습, 의류와 관모 등이 너무도 생생하다.

그런데, 대체 이 토기들은 왜 만들었을까? 토기는 무엇을 담는 것이 대부분이지만 도무지 이 토기들은 용도도 불분명하다. 인물도 자세히 보면 얼굴이 유난히 길어 지금의 우리 모습과는 많이 다르다는 것을 알 수 있다.

최근 이 기마 인물형 토기와 함께 논의되고 있는 것이 신라 왕족과 흉노족과의 연계성이다. 신라 왕족 중 김씨는 흉노족의 후예일 가능성이 크다는 것이 바로 논란의 중심인데, 여러 가지 증거가 있다. 우선 적석 목곽분이 그것. 4~6세기경에 조성된 신라 왕릉은 대부분 적석 목곽분으로 나무관 위에 돌무더기를 엄청나게 많이 쌓은 능이다. 이런 능은 흉노족의 고분에서도 심심치 않게 발견된다. 또한 금 세공품도 연관이 깊다. 신라의 금관과 금제 허리띠는 북방 유목민족의 고분에서 발굴되는 것과 유사하다. 김씨가 왕이 되면서 쓰기 시작한 마립간이라는 칭호 역시 흉노족들이 우두머리를 일컫는 '칸'과 발음상 비슷하다. 아직은 연구 중이고, 그때의 기록이 남아 있질 않아 뭐라고 딱 꼬집어 말하기는 어렵지만 이런 연관성은 교류의 흔적은 될 것이다.

지체가 낮은 인물을 표현한 기마 인물형 토기. 왼쪽 것과 함께 국보 제91호로 지정돼 있다.

그런데, 한 가지 놀라운 건 1961년 경주시 동부동 주택가에서 발견된 문무왕의 비문 파편 중에 '나는 김일제의 후손이다.'라는 글귀다. 김일제는 중국 진(秦) 나라에 살던 흉노왕의 아들이다. 곧 문무왕 스스로 흉노족임을 밝힌 것인데, 이에

신라 고분에서는 유리그릇이 약 20여 점 발굴되었다.

대해 전에 KBS 역사스페셜에서 중국 현지까지 가 취재를 한 바, 중국에는 김일제의 묘도 남아 있고, 그의 후손들이 아직 살고 있음이 밝혀졌다. 그보다 앞서 중국 언론들은 1998년에 산서성에 김일제 후손들이 살고 있다고 밝힌 적이 있다.

2000여 년 전부터 수백 년 간 유라시아를 호령하던 민족이 바로 흉노족이다. 중국의 한무제는 재위 기간 내내 흉노족과 싸우느라 인생을 다 보냈고, 게르만족은 훈족(훈은 흉노의 서양식 명칭이다)에 쫓겨 대이동을 했다. 헝가리는 아예 훈족이 세운 나라다. 헝가리의 언어가 우리와 같은 계통인 우랄알타이어라는 것은 우연의 일치인가. 만일 신라가 흉노족이 세운 나라라면 우리 역사는 물론 세계사도 수정되어야만 할 것이다.

자, 다시 기마를 탄 저 인물을 만나러 1500여 년 전으로 돌아가 보자. 경주 거리에서 저 사람을 만난다면 무엇을 묻겠는가? 일단 얼굴이 이상하니까 필자는 이렇게 물을 것이다.

"당신은 도대체 어디에서 오셨습니까?"

기마 인물형 토기 이야기는 이쯤 하고, 또 하나 놀라운 유물을 소개하자면 유리그릇이다. 1973년 황남대총을 발굴할 때 나온 유리그릇은 모두 10점. 황남대총 외에도 천마총, 금령총, 서봉총 등 대능원에서 모두 20여 점이 발굴되었으며 유리구슬도 나왔다. 유리 공예품은 오로지 신라 고분

황남대총에서 발굴된 유리병. 고대 로마와의 교역을 말하는 것인가.

에서만 출토되었을 뿐, 고구려나 백제는 물론 고려와 조선 시대에는 아예 없다. 이것은 바로 이 유리그릇이 외부에서 들어온 것이라는 것을 말해주는데, 대체 어디란 말인가?

특히 황남대총에서 발굴된 유리병을 보라. 밑에서 몸체로 올라가며 둥글게 퍼지다 목 부분에서 다시 좁아진 형태를 하고 있다. 손잡이 부분에는 금실이 감겨 있는데, 유리병이 깨지자 수리한 흔적이다. 그만큼 귀하게 여기던 것이 분명하다. 이런 유리병을 만들려면 고도의 기술이 필요한데, 대롱 끝에 유리물을 묻혀서 바람을 불어넣어 만드는 수밖에는 달리 방법이 없다. 1500여 년 전 이 기술은 서양에서도 로마 정도만 갖추고 있었다는데, 그렇다면 이 유리 공예품들은 로마에서 전래되었단 말인가.

이 역시 흉노족과 연결하지 않고는 도저히 풀 수 없는 난제다. 흉노족은 말을 타고 유라시아를 마음껏 휘젓던 민족이니 로마는 물론 동아시아 한반도 끝 신라까지 오갔던 건 아닐까. 정말 신라가 로마와 교역을 하였을까. 아니면 중간에 다리를 놔 준 무역상들이 있었는가. 4~6세기경 신라 유물은 이렇게 우리에게 수수께끼를 던져주고 있다.

이상한 토기들은 왜 만들었나?

참 희한한 토기다. 대체 오리인지 닭인지 헷갈리기도 한다. 몸집은 분명 오리가 분명하지만 닭 벼슬이 뚜렷하다. 학창 시절에는 이런 이상한 토기는 단 한 번도 본 적도 없고, 들어본 적도 없었다. 그런데 국립중앙박물관은 물론, 서울대박물관, 호림박물관 등지에 가보니 이런 형태의 토기가 상당히 많았다.

'대체 이 오리들은 어디 있다가 나타난 것이지?'

나는 처음 오리형 토기를 접했을 때 그런 생각을 했다.

오리형 토기는 1984년 대구 압량동의 한 고분에서 출토된 뒤 한두 마리도 아니고 여러 마리가 이곳저곳에서 출토되었다. 게다가 출처가 불분명한 오리형 토기도 수십 점이나 된다고 한다.

토기라는 명칭이 붙었지만 설마 그릇

옛 신라의 무덤에서 출토되는 오리형 토기는 제기였을 것으로 추정된다. (호림박물관)

수레형 토기는 위에 잔이 올려 있는 것으로 보아 제기일 것으로 추측한다. (국립중앙박물관)

은 아니겠지, 하는 생각이 들었으나 등과 꼬리 부근에 구멍이 나 있어 술을 담는 데 사용한 주전자라는 것이 오리형 토기에 대한 설명이었다. 그런 설명을 접하니 1500여 년 전 가야나 신라에서 그릇을 만들던 장인들은 참 기묘한 생각을 했구나, 라는 느낌이었다.

그런데, 왜 하필 오리였지? 나는 또 다른 의문에 빠졌다. 하고 많은 조류 중에 오리를 토기로 만든 것은 무슨 이유가 있지 않을까. '오리는 곧 신과 연결되는 신성한 동물이었을 거라는' 유홍준 님의 글을 보니 이것은 솟대 위에 있는 오리와도 정말이지 흡사하다.

또 하나의 문제는 혹시 이것이 닭 아닌가, 하는 것이었다. 실제로 어느 박물관에는 '닭 모양 토기'로 표기를 해놓았는데, 경주 사사리에서 발굴된 것을 보면 물갈퀴까지 선명하

짚신 위에 그릇을 올린 짚신형 토기. 이 역시 죽은 사람이 신고 가라고 넣은 부장품으로 보인다. (숭실대 기독교박물관)

게 표현되어 있어 오리가 맞다. 오리에 닭 벼슬을 부착하고, 오리 눈은 앞으로 몬 것이 아니라 양 옆으로 빼서 신비한 느낌을 더해 주었다. 오리형 토기는 결국 제기로 사용되었을 것이며, 특히 제사를 주관하는 이의 권위를 상징한다고 볼 수 있다.

오리형 토기도 낯설었는데, 수레 모양, 집 모양, 심지어는 짚신 모양을 한 토기까지 볼 수 있었다. 참 별의별 토기도 다 있다는 생각이 들었는데, 이들 토기들은 대부분 옛 무덤에서 나오는 부장품이다. 이런 토기들을 물건을 본 따 만들었다고 해서 상형 토기, 또는 이형 토기라고 한다. 대부분이 부장품으로 죽은 사람이 저승에서도 사용하라는 의미가 담겨 있다.

특히 계림로 25호 독널무덤에서 발굴된 수레형 토기는

가야의 집형 토기에는 고양이와 쥐가 표현되어 있어 흥미를 준다. (국립중앙박물관)

바큇살과 말이나 소에 이어 끌도록 하였던 끈 등이 자세하게 표현되어 당시의 생생한 수레를 보여주는 유물이다. 독널무덤은 마치 항아리와 비슷한 것을 관처럼 만들어서 안에 시신을 넣은 무덤인데, 수레형 토기가 발굴된 곳에는 크기가 작은 독이 있던 것으로 보아 아마도 어린아이를 묻었을 것으로 생각된다.

창고 역할을 하는 부경을 표현한 집형 토기. (국립중앙박물관)

무덤에 무엇인가를 넣는 행위는 이후로도 계속 이어져서 조선 시대에 이르러서는 그릇을 아주 작게 만들어서 함께 묻었는데, 이것을 명기라고 한다. 결국 상형 토기들은 대부분 죽은 사람이 저승에서도 사용하라는 의미로 묻었던 것들이다. 옛 우리 선조들이 쓰던 갖가지 물건과 사람, 동물에 관해 알 수 있는 귀한 자료로, 특히 독특한 종교관을 살펴볼 수 있다는 점이 가치 있는 유물로 평가된다.

신라 토우, 그 흥미로운 세계

도대체 무엇을 연주하고 있는 것일까? 신라의 옛 고분에서 출토된 이 토우는 얼굴에 미소가 가득하다. 어른 키 정도로 재현해놨지만 실제 크기는 10cm가 되지 않는 아주 작은 토우다. 진시황의 토용이 실제 어른 크기로 제작된 것에 비한다면 보잘것없지만 생생한 얼굴 표정과 동작을 보노라면 금방 흥겨운 음악 소리라도 들릴 듯하다.

비파를 연주하는 신라 토우 재현상. (국립어린이박물관)

토우는 우리가 상식적으로 죽은 이를 위한 부장품, 즉 주술적인 성격의 인형으로 알고 있다. 대부분이 무덤에서 출토되기 때문에 적어도 죽은 이가 사후 세계에서도 즐겁게 살라는 의미를 담고 있는 것이다.

그런데, 정말 흥미로운

점은 이들 토우들이 대부분 기물에 부착되어 출토되었다는 사실이다. 항아리의 어깨나 목, 뚜껑 위에 붙어 있는 채로 발굴이 되는데, 30쪽 사진은 국립중앙박물관에 있는 토우 부착 상태의 유물이다. 한쪽 귀퉁이에 세 사람의 모습을 보라. 한 사람이 악기를 연주하고 두 명은 두 팔을 벌린 채 춤을 추는 장면이다. 즐거움과 여유로움이 동시에 느껴진다. 이렇게 그릇에 부착된 상태로 출토되는 것은 곧 이 토우들이 장례식에서 별도로 만들어져 붙여졌다는 의미이다.

국보 제195호로 지정된 토우 부착 장경호. 미추왕릉 지구 계림로 30호 무덤에서 출토되었다. (국립국악박물관 재현품)

이런 기물 부착 토우들을 볼 수 있는 것으로는 국보 제195호로 지정된 토우 부착 장경호이다. 현재 국립경주박물관에 소장되어 있는 토우 부착 장경호는 두 점으로, 하나는 미추왕릉 지구 계림로 30호 무덤에서 출토되었으며, 다른 하나는 노동동 11호 무덤에서 출토되었다. 계림로 30호 무덤 출토 항아리는 높이 34㎝, 아가리 지름 22.4㎝이고, 노동동 11호 무덤 출토 항아리는 높이 40.5㎝, 아가리 지름 25.5㎝이다.

그런데, 이들 항아리에는 아주 재미난 토우들이 많이 붙어 있다. 특히 계림로 30호 무덤 출토 항아리에는 개구리와 새, 거북이, 사람 등이 다양하게 부착되어 있으며, 어깨에서 목에 이르는 곳에는 성교하는 장면과 임산부가 가야금을 타는 토우도 붙어 있다. 노동 11호 고분에서 출토된 것에도 새나 거북이, 사람 등이 부착되어 있다.

토우가 처음으로 발굴된 것은 1926년이다. 당시 경주 황남리 고분군의 확장 공사에서 많은 장경호와 고배가 발굴되었는데, 그런 기물들에 갖가지 다양한 토우가 부착되어 있었다. 그러나 유물 수습 과정에서 토우들을 다 떼어내는 실수를 저질러 어떤 것에 어떤 형태로 붙어 있었는지를 알 수가 없다고 한다.

어쨌든 신라 토우는 대부분 기물 장식으로 출토되며, 그래서 그 크기가 10cm가 채 안 된다. 작은 것은 겨우 2 ~ 3cm 될까. 그렇지만 이 작은 토우들이 보여주는 세계는 매우 다채롭고 역동적이다. 인물이면 인물, 동물이면 동물, 대부분의 토우들은 무엇인가를 하고 있는 동작을 표현하고 있는 것이다. 농부가 괭이를 어깨에 메고 있고, 가면을 쓰기도 하며, 배를 타고 있는 장면, 멧돼지를 잡아 말에 싣고 가는 장면도 있다. 긴 뱀이 개구리 뒷다리를 물고 있는 모습을 보면 생생하다.

토우 장식 기물 뚜껑. 오른쪽에 악기를 연주하는 사람과 춤을 추는 사람이 잘 표현되어 있다. (국립중앙박물관)

이와 같은 동작 속에는 신라인들의 일상과 예술, 감정

용 토우. 마치 승천이라도 하는 듯한 자세다. (국립중앙박물관)

까지 드러나고 있어 관심을 끈다. 특히 얼굴만 봐도 기쁜 상태인지, 슬픈 상태인지 알 정도로 묘사력이 뛰어나며, 얼굴이 보이지 않더라도 행동만 봐도 어떤 기분인지를 알 수 있는 토우가 상당히 많다. 그래서 이 토우들은 단순히 무덤에 껴묻거리로 넣는 것이라는 고고학적 관점을 넘어 당대의 사회 문화상을 주는 귀중한 유물로까지 평가된다.

한 가지 더 여기에서 생각할 것은 토우의 범위다. 신라 옛 고분에서는 이러한 토우 이외에도 앞에서 살펴본 바와 같이 기마 인물형 토기나 오리형 토기 등 다양한 토기도 발굴이 되는데, 보통 외국에서는 이러한 것들도 모두 토우에 포함시키는 예가 있으나 우리는 신라토우만을 토우로 여긴다. 그것은 신라 토우가 가진 독특성 때문일 것이다.

때로는 웃기기도 하고, 때로는 슬프기도 한 토우들을 보노라면, 우리네 인생사의 모습이지 않나 하는 생각까지 든다.

벽돌에 새긴 백제인의 미의식

참 아름다운 벽돌이다. 1400년 전 이런 벽돌로 건물을 치장했다니 믿어지지가 않을 정도이다. 이것은 주지하다시피 산수문전으로 보물 제343호로 지정되어 있는 백제의 유물이다. 1937년 부여 규암면 외리에서 처음 이 벽돌이 발굴되었을 때 일제는 보름 만에 발굴 작업을 끝냈다. 아마도 한반도를 지배했다는 자신들의 주장이 억지임을 이 벽돌들이 말하고 있어서 아니었을까.

화려하면서도 우아한 백제의 미의식을 보여주는 산수문전(국립중앙박물관)

당시 벽돌은 꽤 많이 수습되었는데, 완벽한 형태가 42점, 그리고 깨진 것까지 포함하면 150점 정도가 나왔다. 이 기와들을 흔히 산수문전이라고 하는데, 실제로는 총 8가지 문양이 발굴되었다. 나머지는 산수봉황문전, 산수귀문전, 연대귀문전, 연화문전, 와운문전, 봉황문전, 반룡문전이라고 부른다. 벽돌의 크기는 가로 세로 약 29cm로 당시의 한 자와 거의 흡사하다.

문제는 이들 벽돌을 어디에 썼을까 하는 점이다. 이 벽돌이 발굴된 곳은 남북 길이 75m, 동서 길이 27m인 건물터다. 인근 솔밭에서 금동보살상이 발굴되어 절터였을 것으로 추정하는데, 무덤이었을 가능성도 있다.

이 벽돌과 관련지을 수 있는 것이 왕흥사라는 절이다. 현재 남아 있는 백제 사찰 중 가장 규모가 큰 것으로는 미륵사지를 들 수 있는데, 「삼국유사」나 「삼국사기」에는 미륵사라는 절보다는 왕흥사라는 절이 훨씬 더 많이 등장한다. 곧 왕흥사는 백제의 가장 대표적인 절이었다.

이 왕흥사는 낙화암 건너편에 있었으며, 왕흥사를 짓는데 쓰인 벽돌들은 부여 쌍북리 가마에서 구워낸 것이다. 1980년대에 쌍북리에서 기와 가마터가 발굴되었으며, 그곳에서 산수문전과 비슷한 벽돌 조각들이 발견되었다. 나중에 백제가 망한 뒤 왕흥사도 소실되었는데, 아마도 당시 왕흥사의 건축 자재들이 여러 곳으로 운반되었을 것이고, 이 산수문전 역시 그렇지 않을까 하고 추측된다.

1973년 부여군 규암면에서 발굴된 연화문전.(국립중앙박물관)

벽돌에 표현된 그림은 아주 훌륭하다. 아래쪽에는 물

꽃벽돌. 부드러움과 세련됨이 동시에 느껴진다.

을, 중간에는 봉긋봉긋한 삼신산을, 그리고 상단에는 상서로운 구름을 표현했다. 이는 상상 속의 박산을 표현한 것이다. 박산은 신선이 산다는 이상향으로 한나라 때부터 자주 표현되었다. 앞에서 살펴본 낙랑 박산향로나 1993년 발굴된 백제금동대향로 등이 바로 박산을 표현한 대표적인 유물이다.

산수문전은 또한 한국 산수화의 원류이기도 하다. 그 전의 유물에서는 산수를 표현한 것이 없다. 산수문전을 보노라면 화려하면서도 우아하고 부드럽기도 해서 백제인의 미의식을 여실히 볼 수 있다.

그런데, 백제의 벽돌은 여기에서 그치지 않는다. 꽃을 붉게 표현한 꽃벽돌을 보라. 단순하면서도 세련된 것이 매우 아름답다. 부드러우면서도 온화하고 또한 세련된 것들은 중국 남조의 영향을 받은 것으로, 백제가 남조의 문화를 들여와 화려하게 꽃피웠음을 알 수가 있다. 백제 와당에 나타나는 선들 역시 마찬가지. 백제의 유물들을 보면 어딘지 모르게 정감이 가는데, 이는 바로 한국인의 정서에 가장 가깝기 때문이리라.

무령왕릉에 사용된 벽돌. 남조의 영향을 받은 것이다.

왜 이런 신발을 신었을까?

흥미로운 고구려 신발이다. 오늘날 스파이크처럼 신발 바닥에 못이 잔뜩 있다. 대체 옛 고구려 사람들은 어쩌자고 이런 신발을 신었던 걸까? 혹시 겨울철에 눈 위에서 미끄러지지 말라고 신은 것은 아닐까. 고구려는 북방에 자리 잡은 나라이므로 겨울이 유난히 길 테니 말이다. 그런데, 신발 크기로 봐서는 진짜 사람들이 신었을까 싶다. 34.8cm나 되니 거인이라면 몰라도 저 신발에 맞을 발이 있을까 하는 생각이 든다.

그러나 옛 고구려 벽화에는 바로 저 신을 신은 무사들이 등장해 놀라움을 준다. 1937년 발견된 지안 통구 12호 고분에는 고구려 무사들의 활약이 그려진 벽화가 남아 있는데, 한 무사는 적장을 칼로 죽이려는 동작이다. 이 무사가 바로 이와 같은 못신을 신고 있다. 또 패장 역시 못신을 신었다.

그렇다면 분명 이 신발은 실제 사용했다는 것인데, 국립중앙박물관에 있는 설명에는 의례용이나 껴묻거리로 사용되었을 거라는 내용이 붙어 있다. 하긴 실제 신을 신고 걸어 다니기란 여간 고역스러운 일이 아닐 듯하다. 잘못 발을 디디면 약한 곳에 신발이 박힐 수도 있으니 말이다. 그런데, 왜 벽화에는 실제 신고 있는 장면이 그려진 걸까?

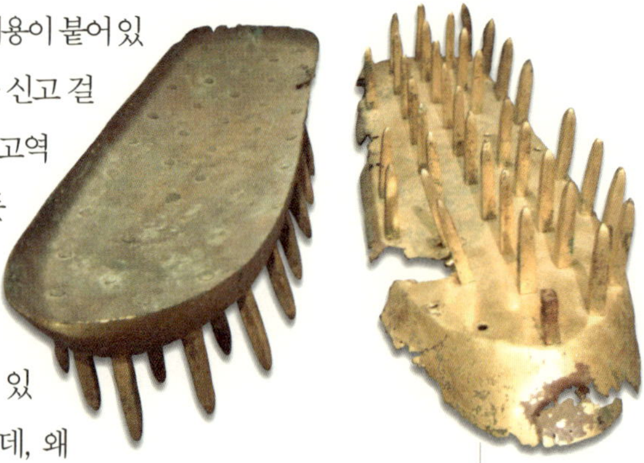

지안의 통구 12호 고분에 이 같은 못신을 신은 고구려 무사들이 벽화에 등장한다. (국립중앙박물관)

만약 말을 탄 채로 신고 있었다면 상황은 달라진다. 못신은 바닥만 남아 있는데, 아마도 본래의 신발 위에 덧신어서 끈 같은 것으로 감았지 않았을까. 그렇다면 말을 타고 적과 싸울 때 이 신발도 하나의 무기가 될 것이 분명하다. 이런 신발로 적을 강하게 찬다면 상대방은 타격을 입을 것이다. 흥미로운 점은 이와 비슷한 금동신발이 신라에서도 발굴되었으며, 이와는 약간 다른 것들도 백제에서 여러 켤레 발굴되었다는 것이다. 경주 황남대총에서 발굴된 금동신발은 5세기경 것으로 고구려의 영향을 받지 않았나 생각된다.

한편 백제의 금동신발은 꽤 여러 점 발굴되었다. 가장 최근의 것은 2009년 고창 봉덕리에 있는 5세기경 고분에서 발굴된 것이다. 이것은 그 형태가 완벽해 놀라움을 주는데, 발바닥에는 이 못신의 못보다는 작으나마 스파이크 형식의 못들이 박혀 있다.

왕 또는 귀족이 신었을 것으로 추정되는 백제 금동신발 (사진 제공 : 마한백제문화재연구소)

백제의 금동신발은 장례용이었을 거라는 추측이다. 문제는 이 정도 금동신발을 의례용으로 사용하였다면 상당히 고위층이었을 것이라는 점이다. 왕족이나 그와 버금가는 귀족이 아니고서는 이렇듯 귀한 신을 갖기는 어려웠지 않았나 싶은 것이다. 이와 같은 금동 신발이 공주는 물론 고창, 나주 등지에서도 발굴되어 과연 백제의 영역이 어디까지였나 하는 궁금증을 일으킨다.

그리고 소리 소문 없이 사라진 비류의 백제도 궁금증을 자아낸다. 동명왕의 두 아들인 비류와 온조가 한강 이남으로 옮겨와 백제를 세웠다는데, 비류가 세운 곳은 미추홀, 즉 지금의 인천 지역이며, 온조는 하남 위례성이다. 온조는 이후 왕위가 계속 이어져 백제의 근간이 되지만 비류 백제는 비류가 죽자 사람들이 모두 위례성으로 옮겨 왔다는 것이 정설이다. 그러나 비류가 공주 지역으로 먼저 옮겨갔다고 보는 주장도 있다. 이미 그 지역에 백제가 자리 잡고 있었으므로 나중에 고구려의 침입으로 하남 위례성을 버리고 공주로 바로 천도할 수 있었다는 것이다.

여기에서 한 가지 의문은 왜 한강 부근에서 백제의 왕릉이나 유물이 많이 발견되지 않는가 하는 점이다. 백제가 이 곳에 처음 세워진 것은 기원전 18년, 그리고 고구려 장수왕의 침략을 받아 공주로 도읍을 옮긴 것은 475년이므로 거의 500년간을 한강 유역에서 번창하였던 것을 감안하면 수수께끼가 아닐 수 없다. 우리는 흔히 백제 하면 공주와 부여를 도읍지로 알고 있지만 실제로 공주와 부여는 합쳐야 200년이 되지 않는다. 500년간은 바로 한강 유역에 있었던 것이다.

백제의 금동신발 재현품. 백제 금동신발은 장례용이었을 것으로 추정된다. (몽촌역사관)

아무튼 금동신발은 이 수수께끼와도 같은 백제의 역사를 푸는 작은 실마리가 될 것이라는 생각이 든다.

광개토대왕 공적 기념 호우

고구려 그릇이 왜 신라 고분에서 나왔을까?

고구려 광개토대왕 하면 우리 역사상 영토를 가장 크게 확장한 왕으로 통한다. 현재의 만주 전 지역은 물론이거나 그의 아들인 장수왕 대에 걸쳐서는 한강 이남까지 영토가 넓어졌다. 광개토대왕이라는 명칭은 죽은 뒤에 붙여진 것으로 '국강상광개토경평안호태왕'이라는 묘호를 줄인 것이다. 살아생전에는 영락이라고 해서 우리나라에서는 처음으로 연호를 사용했으니 황제다.

1946년 경주 호우총에서 발굴된 광개토대왕 공적 기념 호우. (국립중앙박물관)

그런데, 1946년 우리나라 최초로 발굴한 고분인 경주 호우총에서 바로 이 광개토대왕의 치적을 기념하는 그릇이 한 점 출토되어 세상을 놀라게 하였으니 광개토대왕 공적 기념 호우이다. 높이 19.4cm, 깊이 10cm, 몸통 지름 24cm인 이 그릇은 도대체 왜 신라의 고분에서 고구려의 그릇이 출토된 것일까?

이 그릇의 밑에는 제작 연대가 분명한 글자가 적혀 있다. '을묘년국강상광개토지호태왕호우십(乙卯年國岡上

평북 운산군 용호리 2호 고분에서 출토된 고구려 쇠화덕.

廣開土地好太王壺杅十)'이라는 글자가 그것인데, 긴 이름의 묘호 좌우로 을묘년과 호우십이라는 글자가 씌어 있다. 을묘년은 언제일까. 광개토대왕이 죽은 것은 415년, 을묘년은 그후 3년 뒤인 418년이다. 그렇다면 이 그릇은 광개토대왕이 죽은 뒤 3년 후에 제작된 그릇인데, 호우십이라는 글이 또한 이를 분명하게 해 준다. 호우란 항아리처럼 생긴 그릇을 지칭하고 십이라는 것은 숫자다. 곧 이 그릇은 한정본으로 몇 개인지는 정확히 알 수 없지만 열 번째 기념품이라는 것이다. 여기까지는 비교적 추론이 쉽지만 그 다음이 어렵다. 왜 고구려 광개토대왕을 기념하는 그릇이 신라 고분에서 나왔는가, 이것은 정말 쉬운 문제가 아니다. 5세기 초로 한 번 돌아가 보자. 당시 광개토대왕은 400년에 군사 5만을 보내 신라에 출몰하는 왜구를 물리쳤다는 기록이 광개토대왕비에 나온다. 당시 신라왕은 내물왕이다. 고구려는 신라를 도와 왜군을 물리치고 금관가야를 함락시켰으며, 신라의 왕자인 복호를 인질로 데려갔다. 이 복호가 중요한 인물이다. 광개토대왕 생존 시, 그리고 그 후대인 장수왕 생존 시에 존재하였으니 당시에 그가 신라 왕자로서 그들 가까이에 있었을 것이다. 혹시 복호가 이 그릇을 가져온 것이 아닐까. 그래서 수십 년이 흐른 뒤에 죽자 이 그릇과 함께 묻힌 것은 아닐까. 갖가지 추측만 가능한데, 무엇보다 분명한 것은 고구려와 신라가 때론 손을 잡고, 때론 반목하며 지냈다는 사실이다. 그래서 이 그릇 말고도 고구려에서 유래된 듯한 유물이 가끔 신라 땅에서 나오는 것이다.

남한에서 발굴된 고구려 유물은 그리 많지 않다. 중원 고구려비는 장수왕 시절 영토가 최대한 커졌을 때 충주 일원까지 진출해 그 기념으로 국경에 세운 비석이다. 이 비석은 동네 우물가에서 빨래판으로 사용되어 많이 훼손되어 아쉬움을 준다. '고려대왕'이라거나 전부대사자, 제위, 사자 등 고구려 관직 이름과 광개토대왕 비문에서와 같이 고모루성 등의 글자가 보이고, 모인 삼백, 신라 토내 등 고구려가 신라를 불렀던 말들이 쓰여 있어 고구려비임을 알 수 있을 정도다. 그렇게 귀한 것이 고구려 유물인데, 그것이 신라 고분에서 보란 듯이 나왔으니 놀랄 일이 아닌가.

그런데 2004년 8월 구리의 아차산에서 다량의 고구려 유물이 발굴되어 학계에 비상한 관심을 끌었다. 고구려 군사들이 적어도 50명 이상 머무르던 것으로 추정되는 보루로서 와당과 아궁이, 온돌 등이 발굴된 것이다. 중국이 동북공정이라 하여 고구려를 자기네 역사로 편입시키려는 등 또 다른 역사 왜곡에 직면한 오늘날 이 유물들은 고구려가 우리의 옛 제국임을 확실하게 보여준다는 점에서 매우 소중한 것으로 평가된다.

서울 광진구에서 발굴된 고구려 또아리병. (서울대학교 박물관)

지붕 위의 예술품들

2007년 11월 남한산성의 조선시대 행궁지에서 놀라운 유물이 발굴되었다. 통일신라시대의 기와다. 기와란 건물 지붕 위에 올리는 것이니 놀라워야 얼마나 놀랍겠냐고 하겠지만 무게가 속칭 장난이 아니다. 무려 20kg이 나가는 것이다. 그런 기와 350여 개가 땅 속에서 차곡차곡 쌓인 채 발굴되었다.

바람개비무늬는 백제 고유의 것이다. 고운 태토로 견고하게 만들었다. (국립중앙박물관)

이 기와가 발굴되자 정말 지붕 위에 올렸을까 궁금해졌는데, 조사한 문화재 관련 연구원들에 의하자면 실제로 사용한 것이 분명하다는 것이다. 도대체 20kg이나 되는 기와들을 지붕 위에 죽 올려놓으면 그 지붕은 몇 톤이나 나갈까? 그리고 대체 그 무거운 것을 지붕이 어떻게 감당할 수 있었을 것인가? 또한 기둥은 또 얼마나 대단했을까? 남한산성에서 발굴된 기와는 그런 의문을 우리에게 던지고 있다.

보통 조선시대 기와 한 개의 무게는 4kg이 채 안 된다. 그러니 일반 기와의 5배나 무거운 초대형 기와인 것. 길이는 64cm, 두께는 대략 4~5cm이다. 기와가 발굴된 곳은 지난날 대형 건물이 있었을 것으로 추측되는데, 길이만 53.5m,

고구려 짐승 얼굴 와당. 지안에서 출토된 것이다.

너비는 17.5m로 지금까지 발굴된 삼국시대 건물 중에는 가장 큰 건물이 있었을 것으로 추정된다. 통일신라 때인 문무왕 12년(672)에 세운 주장성(晝長城)과 관련된 건물이 아닌가 하는 것이 학계의 의견이다.

이번에 발굴된 기와는 동아시아에서는 가장 큰 기와란다. 일본은 물론 대륙적인 기질로 대분을 크게 만들었던 중국에서도 이런 대형 기와는 아직 발굴되지 않았다. 생각해 보면 역사라는 분야는 아직도 땅 속에 숱한 진실을 품고 있어서 매우 흥미롭다.

아무튼 기와와 함께 옛날 지붕 위에서 아름다움을 뽐내던 것이 와당이다. 엄밀히 말하자면 다르다. 기와는 넓적한 것과 둥그스름한 것이 있는데, 둥그스름한 것은 암키와라 하고 넓적한 것은 수키와라 한다. 와당이 암키와를 막아줄 땐 암막새라 하며, 수키와를 막아주면 수막새라고 부른다.

이와 같이 와당은 기와가 흘러내리지 않도록 막아주는 구실을 하므로 매우 요긴한 건축자재라고 할 수 있을 것이다. 그러면서도 아름답기까지 하니 실용과 예술을 겸비한 우리 조상의 미의식을 엿볼 수 있는 유물이다.

그런데, 대체 기와라는 것은 언제부터 만들기 시작했을까? 옛날 고대 그리스에서 처음 만들어 사용한 것으로 전해지며, 동양권에서는 중국 하(夏)나라 때부터라고 한다. 중국 문헌인 『고사고(古史考)』에 '하나라 때 곤오씨가 기와를 만들었다(夏時昆吾氏作瓦)'고 기록하고 있다. 전국시대를 거치며 진나라와 한나라에서 발달했고, 우리나라에는 낙랑시대에 건물에 기와를 올렸다고 한다. 이 낙랑의 기와가 삼국시대로 이어졌고, 낙랑 때에는 와당이 그리 발달하지 않았지만 삼국시대에는 매우 아름다운 건물 요소로 나타나기 시작했다.

(위) 통일신라시대의 당의 예술성이 가장 발휘되었다. 경주 포석정 근처에서 출토된 가릉빈가 와당. 경쾌하면서도 화려한 느낌이다.
(아래) 통일신라 때의 사슴 무늬 와당.

삼국은 각기 기와를 제작했는데, 고구려의 장군총, 신라의 황룡사지, 백제의 미륵사지 등에서는 각국의 특징이 있는 와당이 발견된다. 백제의 경우 기와를 전담하는 와박사라는 관리가 있었으며, 그 기술이 워낙 뛰어난지라 위덕왕 때인 588년에는 일본에 파견되기도 했다는 기록이 『삼국사기』에 나온다. 신라 역시 와당만 만들어 내는 와당전이라는 부서가 있었고, 고구려에도 왕실과 관부 또는 불사(佛寺)에 기와를 사용했다고 『신당서』에 나온다.

삼국은 각기 독특한 와당을 만들어냈다. 삼국이 고루 만든 와당은 연화문 와당으로, 연꽃 무늬를 표현한 것이다. 물론 불교와 관련이 깊으며, 사찰 전각에 사용했을 것이다. 삼국 각 나라의 특징을 살펴보면 우선 고구려의 와당은 가장자리 선이 강직하고 뚜렷하다. 또한 붉은 빛이 도는 것이 특징이며 무늬가 힘이 있고 날카로운 느낌을 준다. 연화문 와당의 경우 6잎이나 4잎짜리가 많은 편이다.

이에 비해 백제의 와당은 상당히 부드러운 맛이 있다. 회갈색을 띠는 것이 많으며, 테두리가 넓은 것이 특징. 부여

통일신라 때의 귀면와. 도깨비 형상을 기와에 새긴 것은 벽사의 의미가 있다. (호림박물관)

부근과 부소산성에서 발견된 백제 때의 와당은 일본에 많은 영향을 주어, 아스카 시대의 와당은 대부분 이를 그대로 본뜬 것이다. 연화문 와당의 경우 8잎짜리가 많다.

신라의 와당은 삼국 중 가장 화려한 맛이 있다. 초기에는 고구려나 백제의 와당과 같이 단순한 연화문 와당이 많이 만들어졌는데, 처음에는 그렇게 흉내만 내다가 통일신라시대에 이르러서는 꽃무늬가 겹쳐지며 신라만의 독특한 와당을 만들어냈다.

통일신라 와당은 중국 것에 견주어도 전혀 모자람이 없다고 평가된다. 무늬도 매우 다양해져, 연판무늬를 비롯해, 도깨비나 사자, 기린, 보상화, 인동초, 사람 얼굴 등이 무늬로 표현되었다.

연화문 와당은 전에는 대부분 남북조의 영향을 받은 것으로 알려졌으나, 최근 한 와당 연구가에 의해 우리나라에서도 독자적으로 발달한 문양이라는 것이 밝혀졌다. 변호사 출신의 유창종 씨가 384~391년 사이에 제작된 고구려 연화문 와당을 수집했고, 이것이 중국 학자들로부터 중국 연화문 와당보다 50~100년 정도 앞선다는 것을 인정받은 것이다. 중국의 경우 가장 빠른 시기의 연화문 와당은 436~496년 사이에 만들어진 북조 시대의 와당이란다.

연화문 와당은 가장 많이 만들어진 것으로, 삼국 모두가 만들었다.

그런데, 2009년 6월에는 풍납토성에서 연화문 와당 파편이 한 점 발굴되어 백제도 이미 한성 도읍 시절부터 연화문 와당을 만들었음이 분명해졌다. 한성 도읍기는 기원전 18년부터 475년까지의 기간이다.

고려의 문자와당. 인정지사라는 글자로 보아 사찰전각에 쓰인 와당인 듯하다.

흥미로운 것은 귀면와다. 우리나라 축구대표팀 서포터스인 붉은악마의 로고가 통일신라 때의 귀면와와 너무도 흡사한데, 본래는 치우천왕을 형상화한 것으로 알려져 있다. 그러나 귀면와의 주인공이 치우천왕이라는 것은 가설일 뿐 밝혀진 것은 없다.

국립중앙박물관의 귀면와 설명은 이렇다.

"귀면와는 원래 짐승 얼굴을 무섭게 꾸민 것으로 악귀의 침입을 방지하려는 벽사의 의미를 지닌다. 목조건물의 마루와 사래 끝을 장식하는 데에 사용한다. 따라서 귀면와는 인간을 희롱하고 해치는 잡귀신의 하나인 도깨비와 비교할 때 그 격이 다르며 의장성과 함께 특성도 서로 차이가 난다. 또한 귀면와 가운데에는 머리에 화염보주를 배치하고 있거나 입에 보주를 물고 있는 형태가 다량 출토되어 용의 특징을 지니고 있음을 알 수 있다."

곧 귀면와는 용을 형상화한 것으로 풀이하고 있다.

둥근 것이 숫막새라면 암막새는 이렇게 삼각형 형태이다. 만력 암막새로 조선시대인 1585년 만들어진 와당이다.

그러면 과연 귀면 무늬는 어디에서 기원하는 걸까? 귀면문의 가장 오래된 형태는 은나라 때 청동기에 표현된 것이 최초라고 한다. 그러나 본격적

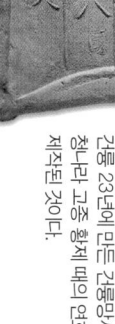

건륭 23년에 만든 건륭망새. 건륭이란 청나라 고종 황제 때의 연호로 1758년 제작된 것이다.

으로 형태로 나타난 것은 한나라 때에 이르러서이며, 우리나라에서는 고구려에서 많이 사용되었으니 수막새에 귀면와가 남아 있다. 이후 통일신라 때에는 더욱 많은 와당에 표현되었다. 통일신라 때의 귀면은 볼이 터질 듯이 볼륨감을 표현했으며, 안면도 상당히 우락부락한 형태를 보인다.

그러나 고려시대에 들어가면 입술이 두꺼워지고, 혀를 내밀기도 하며, 공간을 불필요하게 융기시키기도 한다. 그리고 조선시대에 이르러서는 그저 귀면을 막새로 사용한다는 정도만 표현될 뿐 통일신라 때의 힘차고 볼륨감 있는 모습은 다 사라진다. 이때는 이미 귀면이 아니라 인간적인 얼굴에 가까워지는 것을 알 수가 있다.

와당은 고려시대에 들어와서는 봉황과 초화 등 무늬는 다양해지지만 그 예술성은 떨어지기 시작하며, 조선시대에 이르러서는 좀 더 단순해지고 소박해진다. 특히 고려시대부터는 와당에 무늬를 넣는 것보다는 글씨를 넣은 것이 많이 발견된다. 고려시대 인정지사(因井之寺) 수막새는 사찰 전각에 올렸던 와당인 듯하며, 조선시대 만력 14년이 새겨진 암막새는 건축물의 건립연대를 기와에 표시한 것으로 보인다. 만력 14년은 1585년이다. 또한 건륭 23년 망새는 청나라 고종 황제의 연호를 표기한 것으로서 1758년 제작된 것이다. 여기에서 망새란 잡상 편에서도 소개했듯 치미를 말한다.

기하학적인 무늬를 새긴 조선시대 와당. 통일신라 때의 와당에 비하면 그 질과 멋이 떨어진다.

청자기와, 실제 사용했을까?

고려청자 하면 천하비색이라 하였다. 또한 상감청자는 세계 도자기 사상 그 유례를 찾을 수 없을 만큼 기발한 기술과 놀라운 창의력을 보여준다. 흔히 도자기 하면 그릇과 병, 연적 정도로만 알고 있지만 그밖에도 상당히 많은 것들을 만들었으니 바로 이 청자기와도 그 중 하나다.

도대체 청자로 기와를 빚었다니, 지붕을 모두 청자로 이고 있는 건물은 얼마나 화려할 것인가. 알려지기로는 고

국립중앙박물관 앞 반도지에 서 있는 청자정에는 청자기와를 재현해 지붕을 덮었다.

고려청자로 만든 기와. 사치스러웠던 고려 문화를 엿볼 수 있다. (국립중앙박물관)

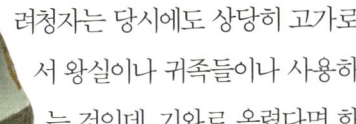

려청자는 당시에도 상당히 고가로서 왕실이나 귀족들이나 사용하는 것인데, 기와로 올렸다면 한마디로 돈으로 기와를 치장했다는 말과 다르지 않다. 정말 청자로 기와를 올린 건물이 있었을까? 물론 있었다. 그러니 이렇게 유물도 존재하는 것인데, 「고려사」에 의하면 1157년 왕궁 근처에 양이정이라는 정자를 짓고 기와를 청자로 올렸다고 한다.

'태평정을 짓고 주위에 아름다운 꽃과 나무를 심었으며, 그 북쪽에 양이정을 지었는데, 그 지붕을 청자로 덮었다.'

1927년에는 만월대에서 청자 파편이 출토되기도 하였다. 청자기와는 실제로 사용되었던 것인 게다. 청자기와는 암, 수키와와 막새, 그리고 서까래 기와에 한정되어 제작되었다. 그런데, 청자기와는 어디에서 만든 것일까? 물론 강진이다. 강진의 대구면 사당리에 위치하고 있는 고려청자 가마터에서 청자기와가 출토되고 있어 그 생산 체제를 잘 파악할 수가 있다.

현재 국립중앙박물관 앞 연못인 반도지에 서 있는 정자는 재현한 청자기와로 지붕을 덮고 있다. 2009년에 한국박물관 100주년을 기념하여 만든 것이다. 이름은 청자정이다. 청자 지붕은 해강고려청자연구소에서 만들었고, 목공사는 신응수 대목장이, 그리고 상량문과 현판 글씨는 김양동 계명대 교수가 썼다.

우리 바다에 가라앉은 보물선

참 흥미로운 것이 우리나라 해안에 보물선이 많이 묻혀 있다는 것이다. 1976년부터 시작된 신안 해저 보물선 인양은 물론, 그 후로도 서해에서 여러 척의 보물선이 인양되어 세상을 놀라게 하였다.

첫 해저 보물선은 전남 신안군 증도면 방축리 도덕도 앞 바다에서 발굴되었다. 1976년 10월부터 거의 10년 동안 무려 11차례 발굴 작업을 통해 인양된 보물은 2만 8천여 점이나 된다. 3분의 1이 청자이며, 백자와 흑유, 칠기 등의 그릇이 대다수를 차지한다. 이밖에도 금속 공예품이나 목각 공예품, 향나무와 목간, 각종 생활용품이 출토되었고, 특히 많이 나온 것은 돈이다. 고대 화폐인 오수전을 비롯한 70여 종의 엽전이 무려 20톤이 넘게 인양되었으니 가히 보물선이다.

신안해저유물은 대부분이 명품으로 불러도 손색없을 정도로 우수한 것들이다. 원나라에서 만든 청자. (국립중앙박물관)

과연 이 선박에서 발굴된 청자와 백자 등의

도자기를 금액으로 환산하면 얼마나 될까? 종류에 따라 차이는 있겠지만 1천만 원 정도씩만 잡아도 이 보물선에 실린 보물의 총 가격은 수천 억 원이나 된다는 것을 알 수가 있다.

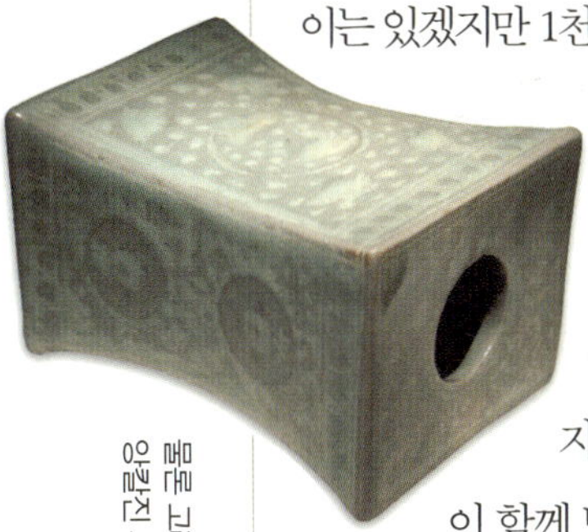

물론 고려청자도 몇 점 나왔다. 화려하기 그지없는 고려청자 베개. 앙칼진 사자를 베고 자는 기분은 어떨까?

도대체 이 침몰선은 무엇이고, 어디에서 어디로 가던 것일까? 그에 대해서도 자세하게 드러났는데, 다름이 아니라 목간이 함께 발굴된 것이다. 목간이란 종이가 귀하던 옛날에 종이 대신 사용하던 나무 조각이다. 이들 목간에 따르면 이 배는 1323년 중국 닝보(당시는 경원)에서 일본의 하카다와 도쿄 지역으로 가던 것으로 밝혀졌다. 일본의 절과 세력자가 주문한 것을 실은 것으로 특히 엽전이 많은 것은 당시에 일본이 엽전을 사들여 와 사용했기 때문이다.

이 놀라운 보물선이 인양되자 중국은 배를 복원하여 '700년 전의 약속호'라고 명명하고, 3천 km에 이르는 당시 뱃길을 운행하기도 했다.

그런데, 흥미로운 사실은 이 보물선이 도굴범들 때문에 본격적인 발굴을 시작했다는 것이다. 본래 알려지기로는 1976년 1월 한 어부의 그물에 굴이 다닥다닥 붙은 청자 한 점이 올라와 뭔가 해저에 있을 것으로 확신은 했다. 그러나 발굴은 10월부터 시작되어 적어도 9개월간은 공백이 있다. 그동안 어떤 일들이 벌어졌을까. 아쉽게도 도굴이 상당히 많이 되었던 것이다.

선원들이 배에서 생활하며 국수를 뽑아먹던 국수틀과 프라이팬.

본래 가덕도 앞바다에서는 예전에도 그물에 도자기가 심심치 않게 건져졌다. 그런데, 어부들은 그것이 귀중한 것인지를 몰랐다. 아니 오히려 수장(바다에 장례를 지내는 것)할 때 사용된 것으로 여겨 재수가 없다고 다시 바다로 던지곤 했단다. 그런데 생각이 다른 한 사람이 그것을 신안군청으로 가져가 신고했고, 보물임이 판명 나 포상금을 받았단다. 그런 사실이 입소문으로 퍼지니까 욕심이 생긴 사람들이 도굴을 시작했는데….

참, 어이없이도 도굴에 참여한 사람이 수도 없이 많다. 인근에 살던 선량한 어부들은 물론 유물을 감시하는 사람도 범죄 행위에 가담했단다. 수중 폭파 특수 훈련을 받은 전직 유디티 요원에서부터 일반 잠수부까지 많은 이들이 가덕도 앞 바다 속을 기웃거렸다. 1986년까지 수사한 자료에 따르면 도굴범은 수백에 이른다. 물론 많은 양이 해외로 밀반출되었는데, 일본에서는 신안에서 건진 거라며 고급 중국 청자가 나돌기도 했단다.

일본 게다짝도 발굴되었다.

결국 보다 못한 문화재관리국에서 1976년 10월에 이르러 발굴을 시작하였는데, 또 하나 웃지 못 할 에피소드는 대체 어디에 그 보물선이 있냐는 거였다. 바다는 넓지 정확한 위치는 모르지, 그래서

신안 해저 보물선은 바로 1323년 중국 닝보에서 일본으로 향하던 선박이 침몰한 것이다. 옛날 돈도 20톤 이상이 인양되었다.

도굴범 몇 명을 데려와 발굴 작업을 계속했다는 것이다.

이후 쏟아진 유물은 앞에 밝힌 바이다. 그 유물들이 지금은 국립중앙박물관에서 당당히 한 코너를 차지하고 있으니 얼마나 대단한가.

보물선은 또한 서해 태안반도 인근에서 여러 척이 발굴되었다. 특히 2007년에 시작된 발굴은 신안 해저 보물선 못지않게 많은 보물이 쏟아져 나왔다. 대섬 근처에서 청자와 백자가 2만 2천여 점, 마도 해역에서는 약 1천여 점의 보물이 나왔다. 물론 이 지역도 10년 정도는 계속 발굴할 예정인데, 그러면 얼마나 많은 보물이 더 나올지는 도저히 상상조차 할 수 없다. 「조선왕조실록」에 어느 해인가는 한 해에만 수십 척의 배가 서해에서 침몰되었다는 기록도 있으니 말이다.

참고로 바다에서 보물선을 발견하든, 아니면 지상에서 보물단지를 발견하든 반드시 신고를 해야 하는데, 포상금은 2천만 원에서 1억 원까지로 정해져 있다.

은병은 실제 화폐로 사용했을까?

고려 시대 때 상종가를 치던 화폐인 은병. 사진은 1311년 이후에 제조된 소은병이다. (한국금융박물관)

명도전에서도 보았듯 옛날에는 참 희한한 것이 돈으로 사용되었다. 조개껍데기나 돌도끼와 같은 석기도 돈으로 사용되었으며, 곡물 화폐라고 해서 곡식도 화폐로 통용되었다.

옛날 돈을 엽전이라고 하는 것은 이미 다 알고 있는 사실이다. 그런데 왜 하필 나뭇잎 엽 (葉)자를 썼을까? 동그란 것이 전혀 나뭇잎하고는 상관없이 생겼는데 말이다. 여기에는 돈의 주조 방식이 숨어 있다. 엽전을 주조하는 틀은 여러 개를 한꺼번에 만들 수 있도록 되어 있는데, 이 틀에 쇳물을 부은 뒤 찍어내면 마치 나뭇가지에 이파리가 주렁주렁 달리듯이 주조된다. 이것을 하나하나 뜯어낸 것이 바로 엽전이라서 나뭇잎 엽 자를 붙인 것이다. 또한 돈을 셀 때도 한 닢 두 닢 해서 이파리를 세듯 하는 것이다.

그러면 놀음판에서 돈을 잃었을 때 주는 개평이란 어디에서 유래할까? 이것은 상평통보에서 유래한다고 알려져 있다. 상평통보는 간단히 상평 또는 평이라고 했으며, 놀음판에서 잃으면 상평통보 낱개 몇 개를 준다는 의미로 개평이라고 했다.

엽전의 역사에서 가장 먼저 등장하는 것이 반냥전이다. 진시황이 중국을 통일한 기원전 221년에 처음으로 만들었는데, 근대까지 계속 그런 형태로 돈이 주조되었다. 우리나라에서는 고려 성종 15년인 996년 처음으로 건원통보가 만들어져 엽전의 효시가 되었다. 당시 고려는 엽전을 주조하면서 중국의 것과 구분하기 위하여 뒷면에 동국(東國)이라는 글자를 새겨 넣었다. 엽전은 이후 수 없이 많이 만들어졌으며, 상평통보는 조선말까지 사용되어 최장수 엽전으로 불린다.

그런데, 아마 은병이라고 들어봤을 것이다. 은을 마치 호리병 모양으로 만든 것이 은병인데, 이것이 한때는 화폐 역할을 대신했다. 언뜻 보면 호리병 모양이지만 실제로는 고려 지도를 본 따 제조했고 입구가 일반 병에 비해 넓어 활구라고 불렀다. 이 은병은 고려 숙종 6년인 1101년에 공식 화폐로 등록되었으며, 은병 하나를 만드는 데에는 대략 은 12.5냥과 구리 2.5냥이 들었고 무게는 1근 쯤 나갔다. 그 가치는 지방과 시기에 따라 약간 다르지만 개경에서는 15.6석, 지방에서는 18.9석이 기본 교환율이었다

고대 화폐인 반냥전(좌측 위)와 오수전(아래), 포전(오른쪽). (국립중앙박물관)

고 한다. 1석이 열 말이니 상당한 고가임을 알 수가 있다.

말발굽 모양의 마제은은 중국 상인들에 의해 들어왔다. (한국금융박물관)

문제는 이 은병도 위조가 되었다는 것이다. 은에 섞는 구리의 양을 늘리면 적은 돈으로도 만들 수 있었으니 질 낮은 은병이 돌았다. 국가에서 나서서 품질을 보증하는 체제를 세우기도 했고, 급기야 충혜왕 원년(1311)에 이르러서는 기존의 은병을 없애고 보다 작은 크기의 은병으로 대체하는 화폐 개혁을 단행하기도 했다. 그때 만들어진 것이 바로 소은병이다.

그러니까 은병이 꽤나 유통되었다는 것을 충분히 알 수가 있다. 아니 오히려 위조가 나돌 정도로 인기였다. 상인들은 이 은병을 많이 사용했는데, 작게 쪼개서 쓰기도 했다. 외국 상인들도 은병을 선호했다. 참 희한하지 않은가. 엽전이 그렇게 많이 만들어졌음에도 그것보다는 이런 은병이 더 융통되었다니 말이다.

그런데, 이런 은병이 화폐로서의 기능이 점차 사라진 것은 부자들이 잔뜩 집에 쌓아둔 것도 이유가 된다. 부자들이 순도 높은 은병을 집 안에 두고 질 낮은 은병만 처분하니까 시중에 나도는 것은 위조된 것이거나 질 낮은 은병뿐이었고, 급기야는 소은병을 제조하기에 이르렀으며, 결국 이것도 위조가 되어 조선 초에는 완전히 자취를 감추었던 것이다.

홍미롭게도 조선 왕조에서도 은으로 화폐처럼 사용한

상평통보는 조선 시대 말엽까지 사용된 엽전으로 300종류 이상이 만들어졌다. 사진은 천자문 상평통보다. (한국금융박물관)

것이 있으니 바로 중국제 마제은이다. 마제은이란 말발굽 모양으로 된 은을 말하는데, 사진에서 보듯 꼭 말발굽 모양이다. 이는 원나라 말기에 출현한 것으로 50냥(1,875g) 중량 통화 중에서도 큰 거래나 저축용으로 주조된 것이었다.

이 마제은이 우리나라에 들어온 것은 중국 상인들에 의해서였으며, 유통 지역은 주로 평안북도의 의주와 압록강 근처였다고 한다. 이것이 보다 더 알려지게 된 것은 1890년대에 청나라 관리인 위안스카이가 우리나라에 올 때 많이 들여온 이후이다. 1895년에 일어난 청일전쟁 때에는 마제은으로 군용 자금을 댔다고도 한다. 물론 이 마제은도 부자들의 치부 수단이 되었으며, 우리나라 최초의 은전인 1882년 대동은전은 바로 마제은으로 만든 것이다.

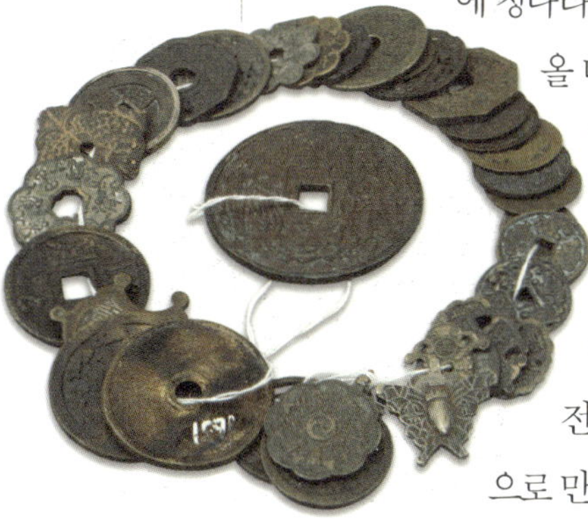

엽전은 주조할 때 여러 개를 한꺼번에 만드는데,
꼭 나뭇잎처럼 주렁주렁 매달렸다고 해서 붙여졌다. (국립민속박물관)

주마등은 어디에 사용했을까?

흔히 지난 일들이 주마등처럼 스쳐간다고 한다. 그런데, 주마등을 본 사람은 별로 안 될 것이다. 주마등이란 무엇일까. 한자 풀이대로 하자면 走馬燈은 '달리는 말 등'이라는 뜻이다. 호박등은 호박처럼 생긴 등, 조족등은 발을 비추는 등 해서 어느 정도 감이 잡히지만 대체 달리는 말 등이라니. 필자 역시 주마등을 본 일이 없어 궁금했는데, 경기도 양주 필룩스 조명박물관에서 알아냈다.

원통 안의 말이 달리는 것이 주마등이다(필룩스 조명박물관 기획전에서).

등은 원통형이며 안에 종이로 만든 말 몇 마리를, 등의 겉에는 간단한 그림을 그려 넣었는데, 밑에서 바람을 넣으니 안에 있는 말들이 마구 달리는 것이었다. 즉, 촛불 때문에 내부에 더운 공기가 생기면 대류현상에 의해 밑에서 찬 공기가 들어와 바람이 생기며, 이 바람으로 말이 돌아서 주마등이 된다. 촛

매미의 화려함이 예사롭지가 않다.

호랑이등. 호랑이가 무섭다기보다는 우습다.

불이 세지면 자연 말도 빨리 도는데, 옛날에는 이것을 장난감처럼 갖고 놀았다고 한다.

주마등은 옛날에 주막 등에 걸어두고 손님을 끄는 데에 사용했다. 말이 빙글빙글 돌아가는 모습에 넋을 빼앗기면 제 발로 주막으로 들어가게 되었다는데, 이 주마등이 워낙 빨리 도니까 세월의 빠름을 나타내는 데 사용해 주마등처럼 스치고 지나간다고 하는 것이다.

주마등은 그렇다 치고 더욱 놀라운 등들이 많았다. 마침 전통 등 전시회를 하고 있는데, 호랑이등에 매등, 사슴등, 학등, 집등, 무슨 등들이 그렇게 많은지…. 처음 보는 등들이라서 창작품인가 했지만 모두 옛날부터 전래되던 것이라고 한다. 일반 가정에서 사용한 것이 아니라 주로 절에서, 또는 강릉단오제와 같은 축제에서 사용된 등이라는 것이다.

요새야 전기를 사용하니 등의 소중함도 모르고 다양한 등이 있었다는 사실도 모르지만 옛날에는 등만큼 중요

강원도 인제군의 이병성 씨가 만든 밀랍초.

한 것도 없었을 성싶다. 그래서 그 종류도 다양하고 크기도 천차만별의 등들이 '나도 어엿한 전통 문화입니다'라면서 뽐내고 있었던 것이다. 또한 등과 함께 옛날 밤을 밝히던 것이 초와 등잔이다. 어릴 때 석유를 넣는 조그마한 사기 등잔 밑에서 자란 까닭에 이 박물관에서 그것을 보았을 때 여간 반가운 게 아니었다. 그런데, 밀랍 초는 독특했다. 밀랍이란 벌집을 이겨 만든 것으로 양초와는 달리 초 몸에 거무튀튀한 불순물이 끼어 있다. 이것이 바로 밀랍의 흔적이다.

밀랍초 중에 가장 눈에 띄는 것이 바로 화촉. 흔히 결혼한다는 것을 화촉을 밝힌다고 해서 요즘도 결혼식장에 가 보면 양가 어머니가 제일 먼저 나와 주례석 좌우에 있는 초에 불을 붙이는데, 이것이 바로 화촉이다. 화촉은 말 그대로 화려한 꽃으로 겉을 장식하고 있다.

어린 시절 이런 사기등잔 아래서 살았다. 1940년대 등잔. (전기박물관)

손오공과 삼장법사는 왜 지붕 위로 올라갔을까?

궁궐에 가 보면 처마 위에 이상한 검은 물체들이 주르륵 앉아 있는 것을 볼 수 있다. 이것을 잡상이라고 하는데, 대체 이 잡상들은 왜 만들었으며, 구체적으로 무엇일까?

흥미롭게도 이 잡상들은 「서유기」에 등장하는 인물들이다. 즉, 삼장법사와 손오공 그리고 저팔계와 사오정 등이라는 이야기다. 하지만 삼장법사와 손오공은 흡사하나 저팔계와 사오정은 자세하지 않다. 때론 다른 이름 모를 동물이 그 자리를 대신하기도 한다.

잡상 중 우두머리인 삼장법사. 당나라 때의 승려 현장이라고 알려져 있다. (국립고궁박물관)

아무튼 이들 잡상이 지붕 위에 올라가 앉아 있는 이유는 건물을 지키기 위해서이다. 여기에는 흥미로운 이야기가 전하는데, 당태종의 꿈 이야기다. 당태종은 한동안 귀신 꿈을 꾸었는데, 날마다 귀신이 꿈에 나타나 기왓장을 던지며 깨트렸다고. 그래서 병사를 지붕 위에 보초를 서게 했다는 데에서 유래한다고도 하고, 나중에는 병사 대신 이런 잡상을 올려서 잡귀를 막고자 했다고도 전한다. 중국 자금성이나 다른 옛 궁궐 건물에는 우리와는 좀 다른 잡상들이 많이 보이는데, 용이나 해치와 같은 상상 속에나 등장하는 서수다.

이런 잡상이 우리나라에 언제 들어왔을까? 삼국 시대나 고려 시대에는 기록이 남아 있지 않고, 조선 초에도 보이지 않으므로 임진왜란 이후에 들어온 것으로 추측할 뿐이다.

그런데, 건물에도 높고 낮음이 있어서 황제가 거처하는 건물의 추녀 위에는 잡상이 10개, 황후는 9개라고 한다. 그러나 우리나라에서는 정확히 이를 지키지 않아, 경회루와 같은 대형 건물에는 10개를 두었다. 경회루에 이렇게 많은 잡상을 설치한 것은 대형 건물이기도 하지만 중국 사신을 접대하기 위해서였다고도 한다. 또한 절에서도 전각에 잡상을 세운다.

10개가 배치될 경우 순서대로 이름을 나열해 보면, 대당사부, 손행자, 저팔계, 사화상, 마화상, 삼살보살, 이구룡, 천산갑, 이귀박, 나토두이다. 대당사부는 사람의 모습으로 당나라 때 스님이던 현장, 곧 「서유기」에서는 삼장법사이다. 대개 삿갓을 쓰고 있다. 손행자는 손오공으로 역시 삿갓을 쓰고 있으며 앞발을 버티고 있다. 저팔계는 멧돼지 모양으로 삿갓은 쓰지 않았으며, 사화상은 사오정으로 사자 모습이다. 이귀박은 허리의 앞과 뒤에 뿔이 난 짐승으로

손오공. 갓을 쓰고 있으며 원숭이 형상이다. (국립고궁박물관)

실제 궁궐의 잡상 배열 모습. (경희궁)

잡상 끝을 장식하는 치미. (국립고궁박물관)

중생이 갖고 있는 두 가지 욕망을 의미한다. 낙을 얻으려는 득구(得求)와 낙을 즐기려는 명구(命求)가 그것이다. 이구룡은 입이 두 개인 용이고, 마화상은 말이다. 삼살보살은 세살, 겁살, 재살 등 세 가지 살이 끼어 있는 것을 말하는데, 이를 막아주는 역할을 하는 보살상이다. 두 손을 합장하고 무릎 위에 팔꿈치를 받치고 허리를 꾸부려 앉은 모습이다. 천산갑은 실제 동물로, 인도와 중국 등지에 분포한다. 머리 뒤통수에 뿔이 있으며 전체적으로 울퉁불퉁한 형상이다. 나토두는 짐승 같은 귀신으로 작은 용의 얼굴 형상 또는 검붉은 곰의 형상이라고 알려져 있다.

이왕 지붕 위 잡상을 알아보았으니 그 밖의 것도 알아보자. 먼저 잡상 끝에 커다란 입을 벌린 형상은 치미다. 이는 중국 동진 시대부터 사용된 것으로 본래 새 머리 형상이었으나 후대에 올수록 괴기해졌다. 이 치미 뒤로는 용마루가 죽 연결되는데, 경복궁의 강령전, 교태전, 창덕궁의 교태전 등에는 이 용마루가 없다. 중전이 거주하던 건물이라는 공통점이 있는데, 이는 용마루가 하늘과 땅을 막는 구실을 하므로 후사를 이을 수 없을 수도 있어 용마루를 두지 않았다는 것이다.

어쨌든 잡상은 건물을 지켜주는 벽사의 의미를 가지고 있으면서 동시에 밋밋할 수 있는 기와지붕에 흥미를 주는 요소로 평가할 수 있을 것이다.

이상한 악기들, 대체 어디에서 왔나?

우리의 옛 악기를 보노라면 도대체 어떻게 소리를 내는지도 모를 듯한 것이 한두 가지가 아니다. 또한 악기로서 음률이 있는지, 실제로 사용했는지조차 의심스러운 것도 많다. 그중 가장 희한한 것이라면 어라는 악기일 것이다. 마치 만화에서 갓 뛰어나온 듯한 백호랑이 한 마리가 웅크리고 앉아 있는데, 이게 악기라니 말이다. 그런데, 이 악기는 매우 중요해서 종묘제례악과 문묘제례악에서 이 악기를 두드려야만 행사를 끝마칠 수가 있었다.

그러면 음악의 시작을 알리는 악기는 무엇일까? 축이다. 푸른 상자 속에 막대를 하나 꽂아둔 형태인데, 이것 역시 희한하기 짝이 없다.

여기에서 재미있는 것은 이들 악기가 음양오행을 따라 만들어졌다는 것이다. 흔히 좌청룡 우백호라는 말이 있는데, 좌측에는 푸른색인 축을, 우측에는 백호랑이인 어를 배치하였다. 그리고 악기 연주는 좌에서 우측으

종묘제례악 등에서 음악의 시작을 알리는데 사용하는 국악기 축. (국악박물관)

음악의 끝을 알리는 어. 백호가 꼭 캐릭터처럼 귀엽다.

로 진행했으니 그 시작이 축이요, 끝이 어인 것이다. 방향으로는 축이 동쪽, 어가 서쪽이며, 이는 곧 해가 동쪽에서 떠서 서쪽으로 지는 것과 같다.

그러면 이들 악기는 어떻게 연주했을까? 우선 축은 꽂아놓은 방망이를 내리쳐서 소리를 낸다. 음률이나 소리의 차이는 없고 그저 '탁탁' 하는 소리가 날 뿐이다. 방망이로 상자 밑바닥을 탁, 탁, 탁 하고 세 번 친 후 북을 한 번 치는 것을 세 번 반복한 다음, 박을 한번 치면 음악이 시작된다. 한편, 어는 등줄기에 모두 27개의 톱니가 나 있는데, 호랑이 머리를 치거나 이 톱니 부분을 드르륵, 하고 긁어서 소리를 낸다. 이때 치는 채는 통대나무를 아홉 가닥으로 가른 것으로 견죽이라고 부른다. 음악이 끝날 때 머리를 3회 치고 등을 1회 훑어내려 긁는 것을 모두 3번 반복한다.

도대체 이런 악기들은 언제 우리나라에 전래되었을까? 기록에 따르면 고려 예종 11년인 1116년에 송나라로부터 들여온 것이라고 한다.

이외에도 희한한 악기가 많은데, 한두 가지 더 소개하자면 우선 훈이다. 꼭 저울추처럼 생긴 훈은 피리와도 같이 부는 악기이다. 맨 위 구멍으로 바람을 넣고, 앞에 구멍이 세 개, 뒤에 두 개를 막고 여는 데 따라 서로 다른 음이 나는 것이다. 모두 12가지 소리를 내는데, 흙으로 빚은 악기라서 어둡고 칙칙한 소리가 난다. 모양이 원시적이고, 빠른 음악에는 적응하기 어려우며, 정

입으로 부는 악기인 훈.

확한 음을 내기가 어려운 것이 이 악기의 단점이다.

이 훈의 모양은 꼭 이렇지는 않아서 계란 모양도 있었고, 둥근 공 모양도 있었는데, 세종 때 이와 같이 개량된 것으로 알려진다. 중국에서는 아직도 다양한 모양의 훈이 만들어진다. 훈을 잘 불면 소리가 제법 좋아서 1986년 일본 NHK에서 방송한 다큐멘터리 <대황하>에서는 배경 음악을 연주하기도 했단다. 그런데, 특히 지라는 악기와 잘 어울려 두 악기의 조화를 '훈지상화'라 하며 형제간의 우애에까지 비유되었다. 지는 대나무로 만든 피리와 같은 악기이다.

소는 순임금 시절부터 있었다는 매우 오래된 악기다.

마지막으로 소라는 악기도 희한하다. 이것은 윗부분에 16개의 취구에 입김으로 바람을 불어넣어 소리를 내는 악기인데, 역시 고려 예종 때 들어온 것이다. 대성아악이 정립되기 바로 전인 1114년(고려 예종 9) 안직승이 송나라에서 돌아올 때 들여왔다는 기록이 있다. 그러나 3~4세기경 안악 3호분 벽화 등 몇몇 고구려 고분벽화에도 등장하는 것으로 보아 훨씬 이전에 전래되었을 것으로 추측한다. 중국에서는 순임금 시절부터 있었다고 한다. 바닷가에 자라는 대나무로 관을 만들며, 관이 12개, 24개짜리도 있었으나 현재 전하는 것은 16개짜리뿐이다. 관의 길이는 양쪽 끝이 가장 길며 가운데로 갈수록 점차 짧아지며 봉황의 날개를 닮았다.

먹통과 꺽쇠를 만나다

옛날 연장 중에는 그 이름이 재미있는 것이 꽤 많다. 먹통은 아마도 가장 대표적인 게 아닐까? 먹통이란 목공들이 목재 등에 줄을 그을 때 사용하는 연장이다. 모양을 보면 작은 배같다.

먹통을 만드는 방법은 우선 손으로 잡을 만한 크기의 나무에 앞과 뒤에 그릇처럼 구멍을 파서, 한 쪽에는 먹물을 적신 솜을 넣고 다른 쪽에는 실을 넣은 도르래를 넣는다. 이 두 그릇 속에는 조그마한 구멍이 있어서 도르래에 감긴 실이 먹물 솜이 있는 곳으로 통하도록 해 두는데, 이것을 줄을 그으려는 곳에 댄 뒤 맨 끝에는 송곳으로 고정시킨다. 그러고 나서 줄을 길게 잡아당겨 튕기면 의도한 곳에 줄이 그어지는 것이다. 이때 먹줄을 긋는 행위를 '먹줄 준다'고 하는데, 이는 상당히 숙련된 고참이 해야 한다. 초보자가 하면 선이 일직선으로 그어지지 않을 경우가 많다.

목재나 석재에 줄을 그을 때 사용하는 먹통. 먹통 같은 사람이라는 뜻은 속이 먹통의 먹물처럼 까맣게 꽉 막혔다는 데에서 유래한다. (울트라건축박물관)

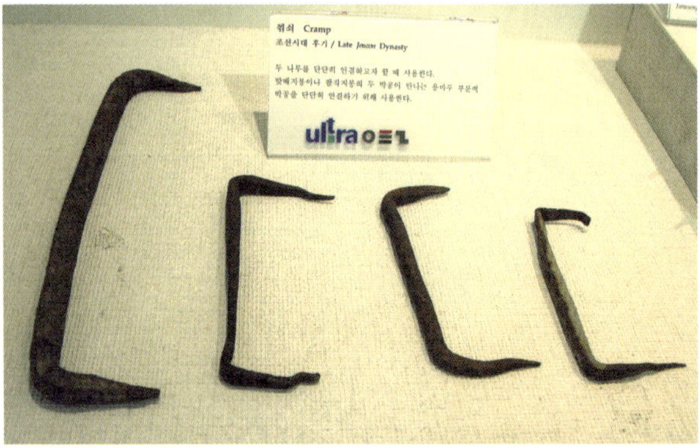

박공을 잇는 데에 사용하던 꺾쇠. 흔히 키가 큰 꺽다리를 꺽쇠라고 한다.
(울트라건축박물관)

우리는 흔히 바보 같은 사람, 멍청한 사람을 '먹통 같은 사람'이라고 표현하는데, 도대체 무슨 뜻일까. 사실 먹통은 목재를 다룰 때 매우 중요한 역할을 하니까 먹통 같다면 꽤나 요긴하다는 것이 아닌가. 그러나 그런 의미가 아니라 오로지 검다는 것만 가져와서 속이 꽉 막힌 사람을 의미한다. 그래서 컴퓨터가 바보처럼 되면 흔히 먹통이 되었다고 한다. 또한 마음이 까매서 챙겨서는 안 될 재물을 마구잡이로 챙기는 사람을 이르는 말로도 사용된다.

그런데, 먹통은 또한 다림추로도 사용되기도 한다. 가운데 부근에 고리를 박아서 줄을 연결해 추로 사용한 것이

먹통은 웬만한 민속 박물관에는 소장하고 있다. (대관령박물관)

다. 이것은 무게를 재는 것이 아니라 수평이 맞는지를 재는 것이다. 다림줄이란 바로 수평이 제대로 맞는지를 볼 때 늘이는 줄이다.

이 먹통도 더러는 멋을 부렸다. 동물이나 식물을 새기기도 했고, 배 모양으로 만들기도 했으며, 기하학적인 문양을 넣기도 했다. 장인이 자신의 소망을 먹통에 담기도 했던 것이다.

먹통에 못지않은 별명 중에 꺽쇠가 있다. 흔히 키가 꺽다리처럼 큰 이를 꺽쇠라고 하는데, 이 꺽쇠도 바로 건축 자재의 하나다. 꺽쇠란 두껍고 길이가 큰 못을 말하는데, 벽에 옷 등을 걸기 위해 박아두는 커다란 못이 이에 속한다.

꺽쇠는 또한 건축 자재로서 꺾어진 쇠라는 뜻이 있다. 두 나무를 단단하게 고정하기 위해 사용하는 것으로, 주로 맞배지붕이나 팔작지붕의 두 박공이 만나는 용마루 부분에 박공을 단단하게 하기 위해 사용되곤 한다. 그런데, 잘 보면 문장의 대괄호가 바로 이 꺽쇠와 같은 모양임을 알 수가 있다.

옛날 대패의 모습. (울트라건축박물관)

줏대가 없다는 말은?

우리는 줏대가 없다는 말을 하곤 한다. 여기에서 줏대란 무엇을 말할까? 사전 상에는 첫째, 사물의 가장 중요한 부분, 둘째, 자기의 처지나 생각을 꿋꿋이 지키고 내세우는 기질이나 기풍을 말한다고 되어있다. 물론 첫째 뜻에서 둘째의 의미가 파생되었으며, 줏대가 없다는 말은 둘째의 의미가 없다는 것이다.

빗장은 대문의 안쪽에 있는 시건 장치다. (남산한옥마을)

그런데, 과연 사물의 가장 중요한 부분이란 무엇을 말하는가. 어떤 사물이든 중요한 부분은 있기 마련인데, 그 부분의 명칭이 정확히 줏대인 것이 바로 수레바퀴와 자물쇠다. 수레바퀴가 바깥으로 튀어나오지 않도록 막는 부분을 휘갑쇠라고 하는데, 바로 이 휘갑쇠가

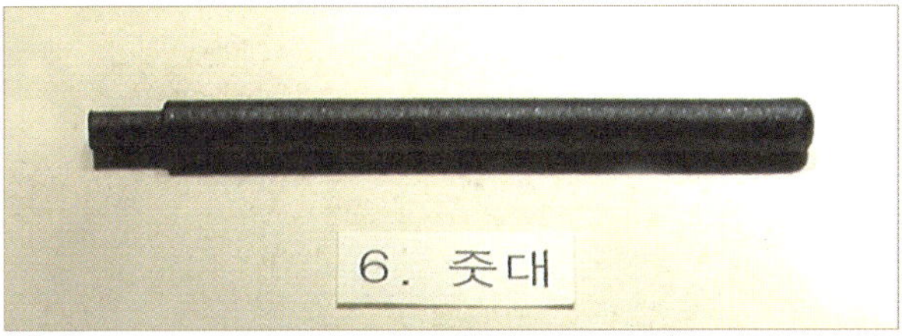

줏대는 이렇게 생겼다.

줏대다. 본래 휘갑치다는 말은 멍석의 끝 부분이 풀리지 않도록 얽어서 둘러 감아 꿰매는 것을 말한다. 수레바퀴에 줏대가 없으면 바퀴가 고정되지 않으므로 제대로 굴러갈 수가 없다.

자물쇠에서도 줏대는 매우 중요한 역할을 한다. 걸쇠의 고리에 끼우는 꽂이대가 바로 줏대다. 그러므로 이 줏대가 똑바르지 않으면 자물쇠가 제 역할을 할 수가 없게 된다.

줏대란 사실 건물을 지을 때 가장 중심대는 기둥을 의미한다. 인체로 치면 척추다. 어떤 곳에서 쓰이든 줏대란 휘어지거나 휘청거리면 절대 안 되는 것임을 확실하게 알 수가 있다.

빗장을 거는 데 사용되는 둔테. (쇳대박물관)

자물쇠에 관련된 것이 빗장이다. 옛날 대문은 대부분 안에서 빗장으로 걸어 잠그는데, 대갓집에서는 특히 사진처럼 거북이 모양에 빗장을 걸었다. 이 거북

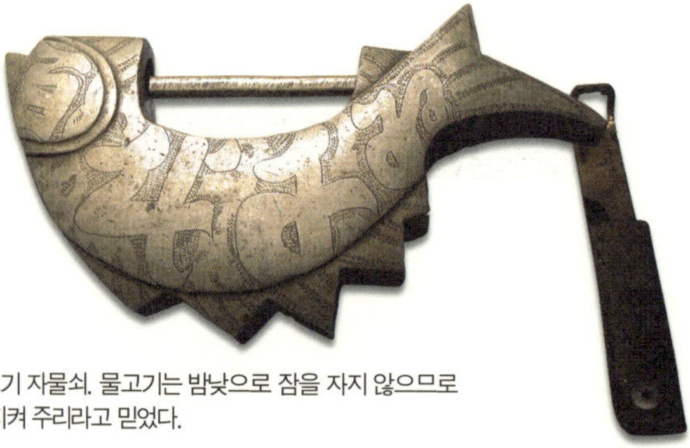

물고기 자물쇠. 물고기는 밤낮으로 잠을 자지 않으므로 잘 지켜 주리라고 믿었다.

이 모양을 둔테라고 하는데, 아마 이것을 그냥 빗장이라고 알고 있는 사람이 많을 듯하다.

빗장 중에는 보물로 지정된 것도 있으니 호암미술관에서 소장하고 있는 통일 신라 금동제 빗장 일괄 유물이 그것이다. 금동 빗장 1점, 금동 문고리 1점, 금동 못 2점이 함께 보물 제777호로 지정되었다. 이 빗장 유물은 탑과 부도에 새겨진 문짝 장식에서만 볼 수 있었던 통일 신라 시대의 문짝 형식을 새롭게 밝혀준 귀중한 것이다.

둔테는 대개 거북이 형상으로 만드는데, 우선 딱딱한 등껍질이 단단하게 지켜줄 것으로 여겨지기 때문이다. 거북이 이외에도 물고기와 제비 등이 둔테로 제작되었다.

옛날 자물통을 보면 가운데에 배꼽처럼 둥근 것이 많은데, 이것은 함박형 자물쇠라고 부른다. 함박이란 함박

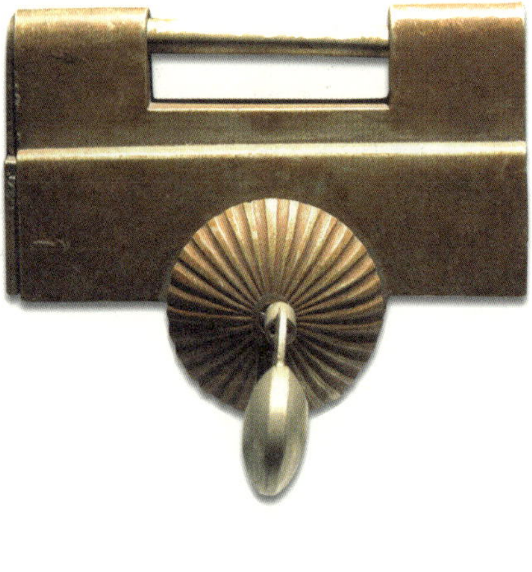

함박형 자물쇠. 배꼽이 함박꽃 같다고 해서 붙여진 명칭이다. (쇳대박물관)

열쇠패. 열쇠패에 붙어 있는 엽전은 별전이다.

꽃으로 한자로는 모란이다. 함박꽃에서 함박웃음이, 그리고 함지박이라는 말이 유래하고, 자물통 이름조차 생겨났다.

옛날 자물쇠 중에는 비밀 자물쇠도 있다. 도대체 어디에 열쇠를 넣어야 하는지 구멍이 보이지 않는데, 이것은 앞에 있는 작은 꽃잎처럼 생긴 것을 좌우로 돌려서 열쇠 구멍이 나타나도록 한 뒤에 열쇠를 넣어 열어야 한다.

한편, 열쇠 이야기도 흥미로운데, 특히 혼수용품으로 열쇠패를 만들어가기도 했다. 엽전 같은 것들이 주렁주렁 매달린 것이 바로 혼수용품 열쇠패인데, 그만큼 시집을 가서 가문을 일으키라는 소망이 담겨 있다. 여기에서 엽전은 실제 사용되는 것이 아니라 별전이라고 해서 기념품의 의미를 갖고 있다.

통치자의 상징 옥새의 유래는?

옥새는 왕을 상징하는 인장이다. 진시황이 중국을 통일하고 화씨벽이라는 명옥을 얻어 전국옥새라는 것을 만든 것이 시초라고 알려져 있다. 그러나 어떤 학자들은 단군신화에 나오는 천부인(天符印) 역시 옥새라고 주장한다. <단군신화>에는 환인이 환웅에게 통치자의 상징으로 천부인 세 개를 주었다고 나온다.

어쨌든 전국옥새는 진시황 이후 여러 왕조에서 천자가 꼭 가져야 할 것 중 하나로 인식되어 옥새는 곧 황제 등식으로 받아들여졌으니 936년 후당이 망할 때까지 천 년이 넘도록 이어졌다. 그 뒤 전국옥새는 사라졌는데, 이후 여러 번 옥새를 찾았다는 이야기가 있었지만 모두 거짓으로 판명 났다. 그래서 왕조마다 별도로 다시 제작하기에 이르렀다.

우리나라에서는 부여왕이 예국지왕이라는 옥새를 사용했다고

고종의 옥새(국립중앙박물관)

하며, 삼국시대에 들어와서는 널리 사용되었다. 특히 삼국시대 때부터는 일반인들도 인장을 소지하게 되었으니 안압지나 양주 대모산성에 출토된 인장이 국립중앙박물관에 소장되어 있다.

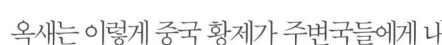

고종황제가 명을 하달할 때 사용하던 칙명지보

고려 때부터는 중국으로부터 옥새를 받아 사용했는데, 고려 말 이성계는 고려 왕실에 전해지는 옥새를 건네받으려고 했다. 공양왕은 차마 자신의 손으로 건네 줄 수 없어 신하인 신호에게 임의대로 하라고 지시했고, 신호 역시 '목숨은 줄 지언정 옥새를 줄 수 없다'며 버티다가 정도전이 빼앗으려 하자 땅에 떨어트렸다고 전해진다.

비록 이성계가 고려의 옥새를 손에 넣기는 했지만 중국 명나라로부터 인정을 받지 못하였으며, 1402년 태종 때에 이르러서야 겨우 '조선국왕지인'이라는 옥새를 명나라 성조로부터 받았다.

옥새는 이렇게 중국 황제가 주변국들에게 내리는 것이었지만 세종 대에 이르러서는 내부에서 사용하는 옥새를 별도로 제작했으며, 이후로도 자주적으로 사용한 예가 많다.

옥새는 하나만 있었을 것으로 생각되지만 그 종류가 매우 많아서 중국에 보내는 외교 문서에는 대보를 사용했고, 과거시험을 치를 때에는 과거 지보를, 책을 펴낼 때에는 선사지기를, 통신 문서를 보내는 데에는 이덕보를 사용하는 등 열댓 가지나 별도로 만들어 사용했다. 그리고 왕만 옥새를 가진 것이 아니라 왕비나 왕세자, 심지어는 후궁까지도 옥새를 지녔다. 이는 물론 왕의 가족이라는 상징적인 의미를 지닌다. 조선조 27대 왕이 있었고, 왕 가족은 또 훨씬 많았으니 전해지는 옥새도 상당히 많아야 하거늘 몇 점 안 된다. 특히 박물관에 전시된 것들은 대부분 실제 사용하던 옥새가 아니라 의례용으로 제작된 것들이고, 최근에 발견된 고종 황제의 옥새 한 점만이 실제 사용되던 것으로 2009년 8월 보물 제1618호로 지정된 바 있다.

후궁이 사용하던 옥새

이 옥새는 '황제어새(皇帝御璽)'라는 글이 적혀 있는 것으로서 1900년대 초에 제작되어 외교 비밀문서에 사용되었다는 것이 문화재청의 설명인데, 높이 4.8cm, 가로 5.3cm, 세로 5.3cm의 크기로, 무게는 794g, 금과 은 합금이다. 이 옥새는 재미동포가 소장하고 있는 것을 구입했다는데, 고종이 이탈리아 황제 등에게 보낸 친서에 사용한 것으로 국사편찬

신라의 인장들. 좌측은 양주에서 발굴된 것이며, 오른쪽은 안압지 출토 인장이다.

고려시대의 인장들

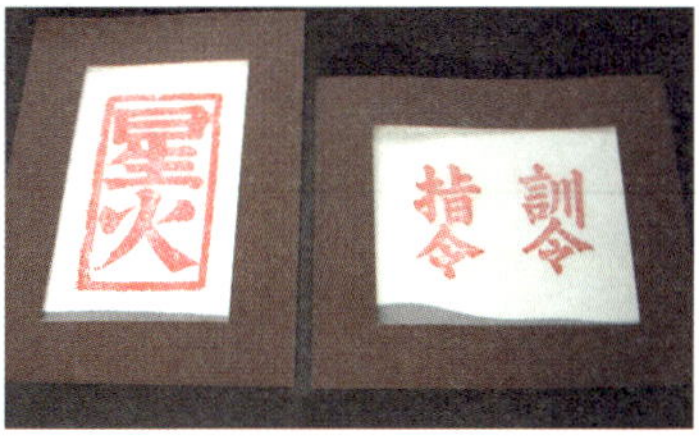

조선시대의 인장들.

조선시대 보부상이 사용하던 인장.

위원회가 소장한 유리원판 사진으로만 전해지던 것이란다.

한편, 인장은 어디에서 유래할까? 기원전 5천년 전 메소포타미아 문명권에서는 점토에 글자나 그림을 새겨서 스탬프처럼 찍어 사용했는데, 이것이 바로 인장의 기원으로 평가된다. 이후 둥그런 스탬프가 발칸반도를 건너 유럽으로 전파되었다는 것이 정설이다.

그러나 인장 하면 동양권 문화로 특히 인장은 단순히 서명 날인에 머무는 것이 아니라 개인과 가문의 길흉에도 관계가 있다고 믿어져 매우 소중하게 다루었다. 잡지나 신문을 보면 길인과 흉인 등이 소개되어 있는데, 그것은 다 오랜 옛날부터 내려오는 믿음으로 인장이 부적 역할을 하였음을 알 수 있다.

옥새를 넣어두는 옥새함. (국립고궁박물관)

인장을 잘못 파서 조선도 쇠락의 길로 접어들었다고도 하

대한민국 국새. 현재는 손잡이가 봉황인 것으로 교체되어 사용된다.

는 사람들이 있다. 1876년 강화도 조약이 체결된 뒤 얼마 후 교태전에 불이 나는 바람에 옥새가 모두 소실되는 일이 발생했는데, 고종은 얼른 옥새를 다시 만들 것을 지시해 49일 만에 완성했다고 한다. 옥새를 그렇게 빨리 만들면 정성과 기가 들어가지 않으며, 그래서 이후 그 옥새는 나라를 점점 힘들게 하였다는 것이 연구가들의 주장이다.

현대는 도장을 사용하는 일은 많지 않다. 그러나 인감증명서나 중요한 계약서 등에는 여전히 도장이 들어간다. 흥미로운 점은 도장을 쉽게 위조하지 못한다는 것. 서체나 글자 굵기를 똑 같이 만들었다고 해도 도장을 만들 때의 기운과 느낌도 반영되어 실제 찍어보면 차이가 난다는 것이다. 어쨌든 도장은 그리 쉽게 만들어 쓸 것은 아니다.

옛날에는 어떤 신분증이 있었을까?

옛날에는 호패가 신분증이었다는 것은 상식이다. 그런데 호패에는 무엇을 적어 넣었을까? 우선 이름을 넣었을 것이고, 출생 연도도 당연히 적었다. 이와 함께 특이하게도 문과에 합격한 연도도 적어 넣었으니, 오늘날 남자가 군대에 갔다 왔나 여부를 주민등록증에 표시하는 것과 비슷하다. 그리고 뒷면에는 호패를 언제 제작했는지를 기록했다.

호패는 단순히 신분을 확인하기 위한 것은 아니었다. 16세 이상의 남자에게 군역과 요역을 동원하기 위해서였으니, 이를 피하기 위해 백성들은 호패를 위조하기도 하고, 양반 밑으로 들어가 일부러 노비 신세가 되는 경우도 흔했다.

16세 이상 남자가 소지하던 호패에는 이름과 출생 연도, 문과 급제 연도가 씌어 있다. (조세박물관)

마패는 지방으로 출장을 가던 관리가 급할 때 역참에서 말을 징발할 수 있는 징표였다. (마사박물관)

그래서 나라에서는 호패법을 마련해 위조한 자는 극형에 처했으며, 호패를 차지 않은 자도 엄벌을 내렸고, 세조 때에는 호패청을 신설하기도 했다.

호패는 본래 원나라에서 처음 실시한 것을 고려 공민왕 3년인 1354년에 육군과 수군 군역에 처음으로 실시하였으며, 이것이 활성화된 것은 조선 시대인 1413년부터이다.

그런데, 호패 외에는 신분을 증명하던 것이 없었을까? 당연히 있다. 우선 관리들은 옷 색깔로 신분 고하를 확실하게 구분했으니, 특히 옷의 가슴과 등에 흉배를 달았다. 쌍학이니 쌍호니 하는 흉배는 당상관으로 지체 높은 이들의 흉배다. 당상관이란 정삼품 이상의 관리로서 정부의 정책 결정에 참여하는 사람들이다.

학과 호랑이는 각각 문관이냐 무관이냐를 가름하는데, 특이하게도 사헌부 관리들은 해치를 흉배에 새겼다. 해치는 법을 심판하는 동물로 알려져 있다. 뿔이 하나밖에 없으며 죄지은 사람을 찾아내는 신통한 재주가 있다고 알려져 있는데, 요임금 시절에 한 번 나타났단다. 흉배는 왕족도 달았는데, 왕은 오조룡을, 세자는 사조룡을 각각 달았다. 오조룡은 발톱 수가 5개인 용을, 사조룡은 4개인 용을 말

야밤에 도성을 출입하는 데에 사용하던 도성출입증. (국립고궁박물관)

한다.

특수한 신분증으로 가장 유명한 것이 마패다. 암행어사가 마패를 들고 '암행어사 출두야!'라고 외치는 장면을 영화나 텔레비전에서 자주 보았을 것이다. 마패는 지방으로 출장을 가는 관리가 급할 때 역참에 들러 말을 징발할 수 있는 증명서인데, 마패에 그려진 말의 수가 바로 징발할 수 있는 말의 수효다.

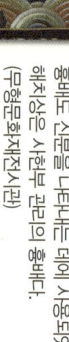

흉배도 신분을 나타내는 데에 사용되었다. 해치상은 사헌부 관리의 흉배다. (무형문화재전시관)

이밖에도 신분패라는 것이 있어서 야밤에 도성을 출입할 때 보여주는 특수 신분증도 있었다. 이것은 반쪽으로 나뉘어져 있어 반은 나갈 때 문지기에게 주고 들어올 때 나머지 반쪽을 건네 줘, 먼저 준 것과 딱 맞으면 출입할 수 있었다. 물론 야밤에 도성을 드나들 수 있는 신분은 왕명을 받은 자였다.

그런데, 재미난 것이 옛날 임금님들도 사인을 했던 것이다. 신분패의 뒷면에 보면 왕의 표시를 뜻하는 사인이 들어간다. 참고로 지방의 도성에서도 신분패라는 것을 사용했다. 물론 그때는 그 성을 지키는 최고 관리의 사인이 들어간 신분패를 사용했다.

신분을 증명하던 신분패. 가운데에는 정조의 사인이 선명하다. (국립고궁박물관)

윤도

우리민족의 생활을 이끌던 나침반

지남철은 남북을 가리킨다. 북쪽이 N극, 남쪽이 S극이다. 자석은 서로 같은 극끼리는 밀어내고 반대 극은 잡아당기는 성질이 있으므로 지구 자체는 북쪽이 S극, 남쪽이 N극이 된다.

이렇게 지남철은 남북을 함께 가리킴에도 불구하고 남쪽(南)을 가리킨다(指)는 이름이 붙은 이유는 무엇일까? 여기에는 먼 옛날 중국 삼황오제의 한 명인 헌원(軒轅)이 동이족의 치우천왕과 싸우던 이야기가 숨어 있다. 탁록이라는 곳에서 싸울 때 치우천왕이 도술을 부려 안개가 자욱하게 만들자 헌원의 군사들은 앞뒤를 분간하지 못하고 우왕좌왕하였다. 이에 헌원은 지남차를 만들어 피할 수 있었다. 지남차란 남쪽을 가리키는 차라는

집이나 묘를 만들 때 방향을 잡던 윤도. 단순히 방향뿐 아니라 풍수에 따른 길흉화복까지 헤아렸던 생활도구이다. (울트라건축박물관)

중요무형문화재로 지정된 윤도장인 김종대 선생의 윤도(무형문화재전시관)

뜻으로 수레에 작은 인형을 달았는데, 그 인형의 손끝이 항상 남쪽으로 가리켰다는 것이다. 여기에서 지남철이 유래되었다고 하며, 동이족은 이후 중원에서 만주 쪽으로 이동했다고 전해진다. 지금으로부터 약 4700년 전의 이야기다.

그런데, 지남철이 나침반으로서 역할을 한 것은 11세기 때인 송나라 때부터이다. 나무로 깎은 작은 물고기의 배에 지남철을 넣고 물에 띄우면 남북을 가리켜 항해 방향을 잡을 수 있었는데, 이것을 지남어라고 했으며, 곧 나침반의 시작이다. 특히 당시 심괄(沈括)이란 사람이 명주실에 자침을 달아매어 나침반을 만들어냈다고 전해진다.

이 지남철이 쓰이는 것 중 하나가 윤도이다. 윤도는 집을 지을 때나 묘를 쓸 때 방향을 잡기 위해 사용하는 것인데, 윤도 자체를 지남철이라고도 하고, 패철 또는 쇠라고 부르기도 한다. 윤도를 보면 가운데 둥근 원 안에 지남철이 있고, 그 주변에는 여러 개의 둥근 원이 나 있으며, 그 안에 글자가 가득하다. 둥근 원이 몇 개인가에 따라서 5층 윤도, 7층 윤도 등으로 부르기도 하는데, 30층이나 되는 것도 있다. 층이 많은 것은 그만큼 다양한 우주의 원리를 담고자 한 것으로, 고수들이 사용하는 것이다.

윤도 안의 글자들은 주역의 팔괘와 십간십이지, 24절기를 나타낸다. 즉, 동서남북 대신 진(震)·태(兌)·이(離)·감(坎)을 쓰고, 동남·남서·서북·북동에는 손(巽)·곤(坤)·건(乾)·간(艮)이란 8괘 글자가 표기된다. 십간은 갑(甲), 을(乙), 병(丙), 정(丁), 무(戊), 기(己), 경(庚). 신(辛), 임(壬). 계(癸)이며, 십이지는 자(子: 쥐), 축(丑: 소), 인(寅: 호랑이), 묘(卯: 토끼), 지(辰: 용), 사(巳: 뱀), 오(午: 말), 미(未: 양), 신(申: 원숭이), 유(酉: 닭), 술(戌: 개), 해(亥: 돼지)를 말한다. 윤도에는 십간에서 무와 기를 빼내고 대신 8괘의 건·곤·간·손을 차용하여 십이천간을 만들었다. 이는 십이지간과 짝수를 맞추기 위한 것이다.

나침반의 용도가 더 강한 윤도. 김종대 선생의 작품이다. (무형문화재전시관)

윤도는 꽤 오랜 옛날부터 사용되었을 것으로 생각되나 문헌상으로는 영조 때 처음 나온다. 『영조실록』 1718년 11월 초에 '청나라에서 들어온 오층 윤도를 모조하도록 했다'는 기록이 그것이다. 아무튼 윤도는 우리 선조들이 집을 지을 때나 묘를 쓸 때 사용하는 것으로서 생활에서 매우 중요한 역할을 한 생활 나침반이라고 할 수 있을 것이다.

윤도 제작술은 오늘날 국가중요무형문화재 제110호로 지정되어 있는데, 전북 고창의 김종대가 보유자로 350여 년의 명맥을 잇고 있다.

급할 때 요긴한 화장실 용품들

나이가 지긋한 분이라면 요강에 관한 추억이 있을 것이다. 화장실이 밖에 있던 옛날, 늦은 밤에 볼일을 보러 가려면 여간 고역이 아니었다. 혹시 변소에 빠지진 않을까, 귀신이 나오는 건 아닐까 하여 무서웠다. 그때 요긴하게 쓰이던 것이 바로 요강이다. 필자 역시 어린 시절, 사기로 된 커다란 요강에 볼일을 본 기억이 많이 난다. 정확히 조준을 못해 어머니께 꾸지람도 들었지만.

요강은 주로 방에 놓고 썼지만 작게 만들어서 휴대하기도 했으니 대표적인 것이 시집가는 신부가 가마 안에 놓던 요강이다. 좁은 가마에 오래 앉아 있다 급한 일이 생기면 쓰라

부여 군수리에서 발굴된 백제시대 요강. 좌측이 남성용, 우측은 여성용이다. (롯데월드민속박물관 재현품)

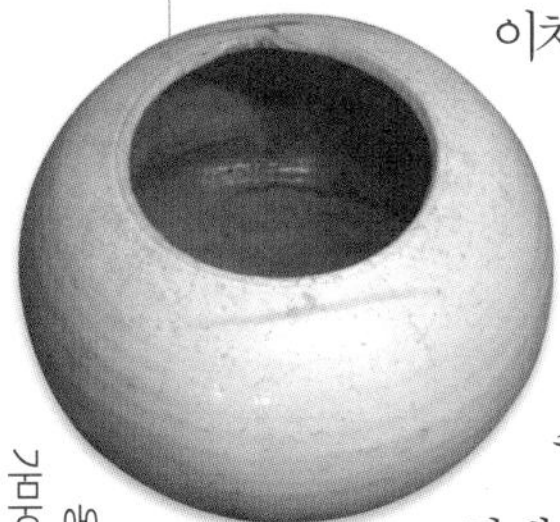

옹기로 만든 요강. 이렇게 뚜껑이 있는 것은 방안에 놓고 쓴다. (옹기민속박물관)
가마에서 쓰던 요강. (옹기민속박물관)

는 의미이다.

요강은 그럼 언제부터 있었을까? 아무리 늦어도 삼국시대에는 있었으니 부여 군수리의 절터에서 출토된 요강 두 점은 디자인도 멋있고, 남녀 구분까지 된다. 꼭 호랑이처럼 생긴 남자용은 손잡이가 달려 있는 것이 특이하다. 이에 비해 입구가 넓은 여성용 요강은 한쪽 끝이 모아져서 삐죽한데, 이는 오줌을 밭에 거름으로 이용할 때 양 손잡이를 잡고 흩어지지 않게 하면서 받고랑에 정확히 붓기 위한 것이다.

요강은 여러 가지 재료로 만들었으니 토기와 옹기는 물론 도기와 자기, 놋쇠, 목칠기 등 매우 다양했다. 조선시대 서유구가 지은 『임원경제지』에는 '놋요강은 조그만 백자항아리 모양과 같고, 뚜껑이 있는데 규방의 용기이다. 백자로 만든 것은 동부(胴部)를 끈으로 엮어두면 알뜰하게 사용할 수

조선초기 분청사기 장군. (서울대박물관)

16세기 백자장군. 담청색 기운이 도는 맑고 투명한 백자로, 명품이라 할 만하다. (호림박물관)

있다. 오동나무로 깎아 옻칠한 것은 휴대용이나 서재용으로 좋고, 쇠가죽으로는 기름을 먹여 만든다.'라고 기록하고 있다.

요강과 더불어 한 가지 더 알아볼 것은 장군이다. 장군은 입구가 작고 배가 불룩한 용기로 주로 액체를 담는 생활용기다. 간장을 담으면 간장장군, 오줌을 담으면 오줌장군, 대변을 담으면 똥장군이라고 한다. 나무조각을 짜 맞춰 지게에 짊어지게 된 것은 주로 물을 지어나르던 물장군이다.

장군 역시 그 역사가 오래되

백제시대 장군. (국립중앙박물관)
토기로 만든 장군. (남원향토사박물관)

물을 져 나르던 나무장군. (부천 농기구전시관)

어 백제시대 토기 장군이 몇 점 전래되며, 조선시대에는 분청사기로 만든 멋진 것도 여러 점 남아 보물로 지정된 것도 있을 정도다. 하찮은 오줌을 담는 것도 정성을 다해 도자기로 빚었던 옛 선조들의 정신이 전해지는 유물이다.

흥미로운 것은 왕가에서 사용하던 용변기이다. 왕가에서도 요강이 있었을 것으로 추측하나 전해지는 일화가 없고 대신 매화틀이라는 것이 있었다. 창덕궁 대조전 경운각에서 발견된 매화틀은 높이가 21cm, 너비가 39.5cm, 길이가 48.3cm 되는 목제로 윗면은 장방형이며, 가운데에 장방형의 구멍이 파져 있다. 왕족들이 측간까지 갈 수는 없으므로 거기에 볼일을 보았던 것이다. 매화틀에는 재를 채워 일을 볼 때 튀지도 않고 치우기도 좋았다고 한다. 한편, 상류층 양반들도 이와 비슷한 것을 사용했으니, 강릉 선교장에 전해져 내려오는 변기가 그것이다.

하마비와 금표

우리나라 곳곳에서 볼 수 있는 것이 하마비다. 그 앞을 지날 때는 말에서 내려서 걸어가라는 뜻인데, 조선 초인 태종 13년(1413)에 종묘와 궐문 앞에 일정한 거리를 두고 세워 놓았던 나무 표지에서 유래한다. 훗날 이 표지를 보고 '대소인원개하마(大小人員皆下馬)' 또는 '하마비(下馬碑)'라는 글을 새긴 비석을 세웠다고 한다. 하마비는 일종의 경의의 표시를 하라는 것으로, 왕이나 장군, 성현과 같은 위인의 묘나 출생지 앞에 세워둔다.

옛 조상의 자연보호 정신을 엿볼 수 있는 금표. (강화역사관)

강화역사관 앞뜰에는 강화도에 산재하던 수많은 비석을 촘촘히 세워두었는데, 대부분 선정비나 공덕비다. 이중 하마비 한 기에는 '수령이하하마비'라고 씌어 있다. 이는 수령 밑으로는 모두 말에 내리라는 뜻이다.

60여 기나 되는 비석 중 아주 독특한 비석이 있으니 바로 금

1636년 병자호란 때 강화도를 지키다 순국한 세 명의 충신 황선신, 구원일, 강흥업을 기리는 삼충사적비. (오른쪽)
수령 이하는 모두 말에서 내리라는 뜻의 하마비. (왼쪽)

표(禁標)다. 금표는 곳곳에 세워 주민을 계도하고 경고하는 내용을 적은 비석으로, 1733년 강화유수부에서 세운 것이다. 뒷면에 유래가 적혀 있다.

'가축을 놓아기르는 자는 곤장 100대, 재나 쓰레기를 함부로 버리는 자는 곤장 80대에 처한다. (放生畜者杖一百, 棄灰者杖八十)'

곧 금표가 있는 곳 안쪽을 지저분하게 하면 중벌을 받는다는 내용이다. 금표는 본래 연산군이 사냥 등의 여흥을 즐기기 위해 민간인의 출입을 통제시키기 위해 만들었다고 한다. 「연산군일기」에는 '도성 사방 100리를 한계로 모두 금표를 세워 그 안에 있는 주현과 군읍을 폐지하고 주민을 철거시킨 다음, 사냥터로 삼음으로써 기전(畿甸) 수백 리를 풀밭으로 만들어 금수를 기르는 마당으로 삼았고, 여기에 들어

강화역사관 앞 비석군. 대부분 강화를 다스리던 관리들의 불망비와 선정비, 공덕비이다.

가는 자는 목을 베었다'고 기록되어 있다.

금표는 고양과 파주·광주·양주·시흥·김포 등지에 세워졌으나 모두 사라졌고, 1995년 고양시에서 처음으로 발견되었다고 한다. 이 금표에는 '금표내범입자 논기훼제서율(禁標內犯入者 論棄毁制書律)'이라고 해서 금표 안으로 들어온 자는 삼족멸족이 가능한 '기훼제서율'로 다스린다고 하였다. 정말 무시무시한 비석이다. 강화도 금표는 이러한 금표의 영향을 받은 것으로 보인다.

한편, 또 하나 독특한 비석이 보이는데, 삼충사적비다. 이 비석은 1636년 병자호란 때 강화도를 침략한 청나라 군에 맞서 싸우다 장렬하게 전사한 세 명의 충신 황선신, 구원일, 강흥업을 기리는 비이다. 병자호란 발발 당시 노익장이던 이들의 투혼이 얼마나 대단하였는지 적군도 '백수장군(白首將軍)'이라고 칭송하였다 한다.

옛날에는 강수량을 어떻게 쟀을까?

측우기가 무엇인지 모르는 사람은 거의 없을 것이다. 세종 때 만들어진 세계 최초의 강우량 측정기이다. 1442년(세종24) 처음 만들어졌는데, 서양에서는 이탈리아의 가스텔리가 1639년에 처음 만들었다고 하니 거의 200년이나 앞선다. 그런데, 측우기가 발명되기 전에는 도대체 어떻게 강우량을 쟀을까? 당시는 농업 국가이므로 강우량을 재는 것이 매우 중요했는데, 측정기가 없으니 원시적인 방법으로 잴 수밖에 없었다고 한다. 주로 땅에 빗물이 얼마나 스며들었나를 보고 강우량을 쟀다는 것이다.

보물 제844호로 지정된 창덕궁 측우대. 위의 측우기는 재현품이다. (고궁박물관)

이러한 부정확한 방법으로 측정하다가 세종 때에 이르러 드디어 측우기를 발명해 낸 것이다. 처음 측우기는 서울 관상감과 지방 감영, 군 등 곳곳에 설치했다. 서울과 감영의 측우기는 주철로 만들었으나 그 이하는 자기나 와기로 만들어 설치했다고 한다. 원형으로 된 통을 측우대 위에 올려놓고 빗물을 받아 주척이라는 자로 빗물의 깊이를 측정하여 강우량을 쟀다. 이때는 푼 단위로 측정했는데, 푼은 3mm 정도를 말한다.

수표에는 1~10까지 자가 표시되어 있다. 3, 6, 9자가 수위 변동의 기준이 된다.
강물의 수위를 재던 수표. (세종대왕기념관)

측우기는 이후 여러 번 만들어졌지만 임진왜란과 병자호란을 겪으며 거의 소실되었으며, 그나마 남아 있던 것도 일제강점기와 한국전쟁을 거치며 모두 사라지고 현재 전해지는 것은 헌종 3년인 1837년에 만들어진 것이다. 이 측우기는 충남 공주의 금영에 설치되어 있던 것이라서 금영측우기로 불리는데, 안지름이 14.7cm, 높이는 약 32cm 크기이다. 현재 보물 제561호로 지정되어 기상청에 보관되어 있다. 그리고 측우기를 올려놓는 측우대는 관상감 측우대(보물 제843호)와 창덕궁 측우대(보물 제844호), 대구 선화당 측우대(보물 제842호) 등 5기가 남아 있다.

강우량을 재는 것으로 측우기 말고도 다른 것이 더 있었으니 수표(水標)와 수표교가 그것이다. 엄밀하게 말하자면 수표와 수표교는 강물의 높이를 재는 것이다. 1441년에 처음 만들어진 수표는 청계천에 설치하고 청계천의 수위를 조사

창경궁에 있는 풍기대. 풍향을 관측하던 기기로 보물 제제846호로 지정되었다. (창경궁)

하기 시작했는데, 1자부터 10자까지 눈금이 그어져 있다. 또한 수표교 역시 교각에 단위가 적혀 있어 강물의 높이를 가늠할 수 있었다. 수표의 경우, 처음에는 나무로 만들었지만 이후 돌로 바꾸었으며, 현재 남아 있는 것은 1773년 혹은 1833년에 제작된 것으로 추정된다.

수표교는 1959년에 청계천이 복개되며 수표와 함께 장충단공원으로 옮겨졌으니 현재도 공원 중간에 놓여 있다. 길이 27.5m, 폭 7.5m, 높이 4m로, 다리 기둥이 마름모 형태로 되어 있다. 이는 물의 저항을 덜 받게 하려고 한 것이다.

한편 수표는 1973년에 동대문에 있는 세종대왕기념관으로 이전했다. 앞뒤로 자가 표시되어 있으며, 뒷면에 3자, 6자, 9자에 각각 동그란 홈이 파여 있다. 이것은 갈수(渴水), 평수(平水), 대수(大水)를 의미한다. 3자 이하로 내려가면 가물다는 것이며, 9자 이상으로 올라가면 홍수가 날 수 있다는 의미이다. 이 수표 역시 보물 제838호로 지정되어 있다.

그런데, 수표는 한강변에도 설치했다고 한다. 한강에 물이 얼마나 불어나고 줄어드는지를 알 수 있게 바윗돌에 눈금을 새긴 것이었다고 전해진다.

옛날에 시간은 어떻게 쟀을까?

처음 이 이상한 해시계를 보았을 때의 느낌은 묘했다. 옛날 해시계는 앙부일구와 그것과 함께 만들어진 이름 모를 몇 가지가 다 인줄로만 알았는데, 저런 것도 있었나, 하는 생각이 든 거였다. 우선 형태가 마치 요즘 시계를 본 딴 것 같아 희한했다. 즉, 둥근 원 속에 시각을 가리키는 12개 선을 새겨 넣어서 언뜻 보면 침대 머리맡에 두는 자명종처럼 보이기도 했다.

도대체 저 시계는 누가 만들었으며 시간은 정확히 쟀을까? 그 해시계를 한참이다 들여다보았다. 정중앙에 약간 움푹한 부분은 해 그림자를 만드는 영침이 있던 자리인데, 마치 시침과 초침이 그곳에 있었던 것 같은 느낌도 들었다.

조선 시대 평면 해시계. 아마도 평민들이 사용했을 것으로 추정된다. (세종대왕기념관)

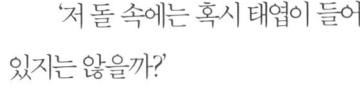

네모난 돌 위에 둥그런 해시계를 올려놓은 평면석각해시계.(세종대왕기념관)

'저 돌 속에는 혹시 태엽이 들어 있지는 않을까?'

결국 그런 상상까지 했다.

그 옆에는 또 희한한 시계가 기다리고 있었다. 마치 교각의 밑 부분을 떼어다 놓은 것 같은 형태로 아래는 사각의 돌기둥이 받치고 있고, 위는 둥그런 원형의 돌 두 개가 얹혀 있었다. 차라리 돌로 만든 의자라면 쉽게 이해할 수 있을 것 같은 그것이 또한 해시계라는 거였다.

두 시계를 접하고 나서 나는 우리가 무엇을 안다는 것이 상당히 주관적이면서도 편협할 수도 있음을 깨달았다. 그때까지 해시계라고 하면 세종 때 만든 앙부일구와 현주일구니 천평일구니 하는 것들이 전부인 줄 알고만 있었는데, 이렇듯 기이한 해시계들이 '나도 해시계입니다'라고 나를 비웃었던 것이다.

집에 돌아와 해시계에 대해, 그리고 옛날 시계에 대해 더 알아보았더니, 옛날에는 휴대하고 다니던 해시계도 많았고, 강윤이라고 유명한 시계 제작자도 있었으며, 이미 17세기 중반에 서양식 해시계도 들어왔다는 거였다. 시간을 지배하기 위해 우리 조상들은 참 무던히도 애를 썼던 것이다.

얼마 전 정동진의 타임스토리라는 곳에서 신라 때 해시

계의 조각 복제품을 보고 또 한 번 놀랐다. 고대 마야 문명이나 잉카 문명의 유물을 보는 듯한 그 해시계 속에는 머나 먼 옛 신라의 시간이 멈추어져 있었다. 6 ~ 7세기 때의 것이니 어쩌면 선덕여왕이 저 해시계를 가리키면서

신라 때 사용되던 해시계 파편. (타임스토리)

"지금 몇 시인가?" 라고 물었을 가능성도 있다.

옛날에는 이렇게 해를 보고 시간을 재던 것들이 많은데, 해시계 앙부일구는 유명하다. 마치 솥단지처럼 생긴 앙부일구는 세종 16년인 1434년에 장영실, 이천, 김조 등이 만들었다. 솥단지 안에는 시각은 물론 절기까지도 정확히 나타냈으며, 대궐 안에는 물론 종묘와 혜정교에도 설치하여 대중시계의 역할을 했다. 이후에 우후죽순처럼 시계가 만들어져 휴대용 해시계까지 발명되었던 것이다.

그런데, 여기에서 주목해야 할 것은 해시계를 솥단지처럼 만들었다는 것이다. 솥단지는 결국 둥근 형태인데, 이를 통해 당시에 시계 제작자들은 지구가 둥글다는 것을 미리 알았다는 것을 생각해 볼 수가 있다. 그렇지 않고서 왜 둥그렇게 만든단 말인가.

보물 제 845호 해시계인 앙부일구. (국립고궁박물관)

휴대용 해시계는 조선 말 강윤이 만든 것이 널리 유행했다. (세종대왕기념관)

해시계와 버금가는 것이 자격루라는 물시계다. 이 물시계 역시 세종 16년에 만들었는데, 당시에 해시계가 궂은 날이나 밤에는 무용지물이 되므로 다시 만들었다. 자격루는 파수호라고 하는 커다란 물항아리를 이용한 것으로 일정량의 물이 파수호에 고이면 소리까지 내는 자명종 시계였다. 현재 덕수궁에 있는 국보 제229호 자격루는 중종 31년인 1536년에 다시 제작한 것이다.

라틴어로 시간은 카이로스와 크로노스가 있는데, 카이로스가 누구에게나 공평하게 다가오는 연대기적인 시간이라면 크로노스는 특정한 시간이다. 우리의 삶을 카이로스에서 크로노스로 채우는 것, 그것이 바로 저 기기묘묘한 시계들이 우리에게 던져주는 메시지 아닐까?

석제 평일구도 민간에서 사용된 해시계로 추정된다.
(국립민속박물관)

임금님 쌀독과 일월오악도는 어떤 관련이 있을까?

임금님 쌀을 보관하던 어미독. 어깨 부근에 산과 소나무가 그려져 있다. (옹기민속박물관)

옹기민속박물관에서 만난 커다란 항아리 한 점. 처음에 어미독이라고 씌어 있는 것이 대체 무슨 뜻인지 몰랐다. 크기가 유난히 큰 항아리니까 어미독이라고 불렀나 싶었는데, 그게 아니라 임금님 쌀독이란다. 어미독에서 어미란 바로 임금 어, 쌀 미 자였던 것이다.

자세히 살펴보니 어깨 부분에 소나무인 듯한 나무와 산들이 그려져 있다. 이것은 일월오악도에 나오는 소나무와 산을 표시한 것으로 임금님이 다스리는 국토를 의미한다. 일월오악도란 용상 뒤에, 혹은 임금님이 거처하는 방 안에 두는 병풍으로 해와 달, 그리고 다섯 개의 산을 그린 그림이다. 동물이나 사람, 또는 건물 등 인위적인 것이 전혀 등장하

임금님의 권위를 상징하는 일월오악도 병풍. (운현궁)

지 않아 신비로움을 주는데, 궁궐에 가보면 그림의 형식이 한결같다.

이 그림은 왕이 천명을 받아 세상을 다스림을 의미한다. 우선 해는 왕을, 달은 왕비를 상징하고, 오악은 전설상의 산인 곤륜산을 뜻한다. 곤륜산에는 서왕모라는 신이 살고 있으며 마시면 죽지 않는다는 물이 흐른다고 한다. 이는 왕권이 신성 불가침하다는 것을 나타낸다. 소나무와 물, 폭포 등은 임금님이 다스리는 국토를 상징한다.

그런데, 특이한 것은 일월오악도가 중국에서 발생한 것이 분명하지만 명나라나 청나라에서는 거의 사용하지 않았다는 것이다. 오히려 조선에서 널리 사용되어 민간에서도 그려졌다. 우리나라에서는 채색도 뚜렷하고, 장중하게 그려져 웬만한 궁궐에는 몇 점씩 전해진다.

옛날에는 어떻게 어른이 되었을까?

어른의 기준, 이는 동서고금을 막론하고 애매하다. 요즘에 들어와서는 20세를 18세로 낮추는 안이 거론되고 있는데, 옛날에는 꼬마 신랑이라고 해서 열 살이 갓 넘으면 결혼도 시켰다. 이몽룡과 성춘향이 광한루에서 연애를 한 것은 이팔청춘인 16세. 요즘 기준으로는 중3, 혹은 고1 정도밖에 안 된 나이에 연애를 한 것이다.

그런데, 그런 와중에도 나름대로 기준이 있었으니, 우선 농촌에서는 힘이 어느 정도인가를 살펴 어른이 되었는지를 평가했다. 바로 들돌이 그것인데, 육중한 돌을 들어 올리면 어른이 되었다고 인정을 했던 것이다. 농촌에서 이와 같은 성인식을 거행한 것은 과연 농사를 지어도 될 정도의 나이인가 아닌가를 알아보려는 의도였다.

한편, 양반가에서는 관례를 통해 성인식을 거행했다. 관례란 쉽게 말해서 그동안 땋아 기르던 머리를 상투로 짓고, 갓을 씌운다는 것이다. 여기에는 세 번의 절차가 있으니 이를 삼가례라고 하였다. 삼가례란 머리에 씌우는 것을 세 번 갈아준다는 뜻이다. 처음에는 입자와 단령을, 두 번째는 사모를 씌우고 각대를 하며, 세 번째는 복두와 공복을 입힌다. 이는 어른이 되면 평상복과 외출복, 관복을 입어야 한다는 의미이다.

농촌에서 하던 성인식은 이와 같은 육중한 들돌을 들어올리기로 했다. (농업박물관)

삼가례도 의식의 하나이니만큼 절차가 있는데, 우선 부친의 친구 중 덕망이 있는 분을 모셔와 증인으로 삼는다. 삼가례를 마치면 사당에 올라가 조상들에게 고하며, 그동안 부르던 아명은 버리고 자를 받는다. 그리고 이때부터 호칭이 달라진다. 그동안은 이래라 저래라 하고 낮춰 불렀으나 이렇게 하게 저렇게 하게로 약간 높여 부른다.

여자의 경우는 계례라고 하였는데, 이는 그동안 댕기머리를 하고 있다가 비로소 비녀를 꽂는다는 뜻이다. 머리를 올려 쪽을 찌고 족두리를 얹었으며, 이때는 아명을 버리고 당호를 지어 부르게 했다.

이런 성년식은 언제 하였을까. 좋은 날을 잡아 했는데, 대부분은 음력 정월에 길일을 잡아 거행했다. 남자의 경우는 15~20세 정도에, 여자는 15세 전후에 했다. 성인이 되면 가장 먼저 하는 것은 무엇일까? 옛날에는 술이었다. 그래서 어른이 따라주는 술을 처음으로 한 잔 받아 마시게 되는데,

양반가에서는 관례와 계례로 성인식을 했다. (국립민속박물관)

이것을 초례라고 한다. 이러한 전통적인 성인식은 어디에서 유래할까? 기록에 의하면 삼국 시대에도 중국에서 전래된 예법이 있었고, 고려 광종 16년인 965년 이후에는 왕가에서 관례를 행하였다고 한다. 그러나 오늘날처럼 정립된 것은 유교의 전래와 함께 시작된 것으로 본다. 예의와 법도를 중시하는 유교의 「주자가례」에 나오는 내용인 것이다.

이밖에도 독특한 성년식이 하나 전해지는데, 삼한 시대 때에는 소년들의 등에다 상처를 내어 줄을 꿰고 통나무를 끌면서 그들이 훈련받을 집을 지었다고 한다.

요즘도 원시 부족 사이에서는 몸에 상처를 내는 성년식이 거행되고 있다. 참고로 오늘날 성인식은 5월 셋째 주 월요일에 거행된다.

조선 시대에도 시한폭탄이 있었다?

옛 시한폭탄인 비격진천뢰. 임진왜란 전에 이장손이라는 분이 발명했다. (전쟁기념관)

비격진천뢰는 한두 번 들어봤을 것이다. 임진왜란이 일어나기 전 이장손이라는 분이 발명한 폭탄이다. 고궁박물관에 있는 것은 보물 제860호로 지정된 것인데, 지름 21㎝, 둘레 68㎝로 도화선을 감는 목곡, 목곡이 들어가는 죽통, 얇은 철 조각, 뚜껑 등으로 이루어져 있다. 여기에서 얇은 철 조각들이 바로 사방으로 튀어 적을 살상하는 도구인데, 흔히 마름쇠라고 부른다.

이것은 임진왜란 때 처음으로 사용되었으니 경주 부윤이었던 박의장이 경주성을 탈환하는 데에 쓰였다고 한다. 그런데, 이것이 사실은 시한폭탄과도 비슷했다는 사실을 아시는지. 이 폭탄은 완구나 대완구라는 포로 쏘는데, 적진에 날아가면 바로 터지는 것이 아니

라 뇌관에 붙은 심지가 다 타야 터졌다. 그래서 처음 이 무기가 대체 뭔지 몰라서 왜군들이 몰려들어 쳐다보다가 더 많은 사상자를 냈다는 웃지 못 할 이야기도 있다.

그럼 그 전에는 대포로 무엇을 쏘았을까? 참, 어처구니없게도 돌멩이다. 전쟁기념관에는 옛날에 포탄으로 사용되던 단석들이 많이 전시되어 있다. 둥글둥글한 것들을 보노라면 과연 저걸 맞고 죽었을까 하는 생각도 들지만 만약 포로 쏜 것이 머리와 같은 중요한 부위를 강타한다면 살기 어려워 보이기도 한다.

그런데, 더 기가 막힌 것이 질려포라는 것이다. 이 질려포는 꼭 무슨 솥단지처럼 생겼는데, 안에는 뇌관과 함께 마른 쑥과 마름쇠들이 잔뜩 들어 있어서 뇌관이 터지면 마름쇠들이 사방으로 튀어나가며 적을 살상하는 무기다. 이것은 포로 쏜 것이 아니라 손으로 던졌다는데, 그러면 오늘날 수류탄에 가까운 무기다. 참고로 질려란 쇠 조각, 즉 마름쇠를 말한다. 질려포는 폭발음은 약하지만 쑥 때문에 연기가 상당히 많이 나고, 땅에 떨어지면 요동을 치는 것이 무시무시했다고 한다.

종이로 만든 통 속에 질려를 넣은 질려포는 조선 시대 수류탄이다. (전쟁기념관)

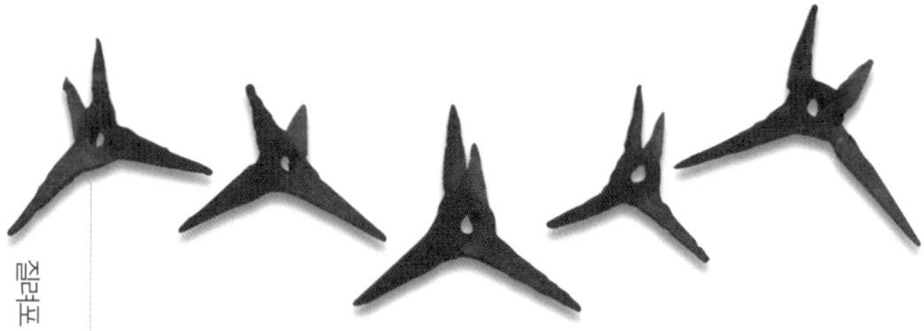

질려포 속에 들어가는 질려. 흔히 마름쇠라고도 한다. (마사박물관)

질려포는 특히 해전에서 매우 무서웠다. 이순신 장군이 심심치 않게 사용했다고 전해진다. 질려포 하나가 배 위에 떨어지면 그야말로 혼비백산했음에 틀림없다. 그러나 육전에서는 질려가 아군을 향할 수도 있어 사용을 자제했는데, 질려를 넣지 않고 요동을 치며 연기만 나게 제작했으니 이를 산화통이라고 부른다.

그러고 보니 조선 시대에도 시한폭탄은 물론 수류탄도 있었다는 이야기다. 비격진천뢰는 무쇠로 만들어서 오늘날에도 많이 남아 있으나 질려포는 종이로 만들어 전하는 것이 거의 없고, 1970년 이후 전문가에 의해 복원되어 오늘날 몇 곳에 전시되어 있다.

포탄으로 사용되던 돌 단석. (육군박물관)

옛 무기와 관련된 것 중 많이 전하는 것이 화약통인데, 대개는 거북이처럼 생겼다. 예전에는 화약이 귀한 것이라서 애지중지하여 화약통에 넣어 가지고 다니며 사용했던 것이다.

불랑기포와 홍이포

조선시대를 대표하는 대포

총통과 완구는 물론 불랑기포와 홍이포 등 옛 대포의 이름은 참 특이하다. 총통은 말 그대로 총처럼 발사시킬 수 있는 통을 말하고, 완구란 입구가 커다란 대포를 이르는 말이다. 전쟁기념관이나 육군박물관에 가면 상당히 많은 조선시대 대포들이 있는데, 대개 이런 종류들이다.

그러면 대체 불랑기와 홍이포는 무슨 포이며, 어디에서 유래할까? 우선 불랑기는 흔히 불란서에서 온 말처럼 보여 프랑스에서 개발된 대포가 아닌가 하는 생각이 들지만 포르투갈에서 개발된 것이다. 중국에서 포르투갈 사람들을 포란치(佛郞機)라고 하였는데, 십자군 시대의 중세 프랑크(Frank) 왕국을 아랍인들이 페링기(Feringhi)라고 부른 데서 비롯되었다. 포르투갈 사람들이 이 포를 중국에 전한 것이 1517년이며, 이후 그들은 마카오에 자리를 잡아 1557년부터 대포 공장을 차리고 대량으로 만들어 냈다고 한다.

불랑기는 모포와 자포로 구분되는데, 자

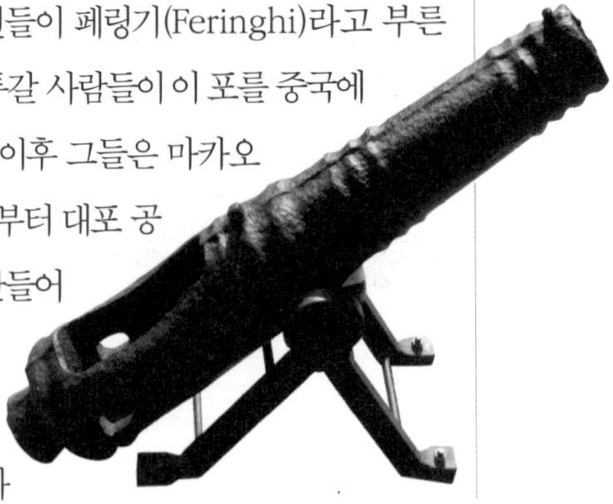

불랑기포는 포루투갈 포라는 뜻이다. 임진왜란 때 명나라 군사가 평양성을 탈환할 때 사용했는데, 이후에 우리나라에 널리 사용되었다. (강화도 전적지)

네덜란드 사람들의 포라는 뜻의 홍이포. 17세기 초에 도입되었다. (전쟁기념관)

포에 발사물을 장전한 뒤 그것을 모포에 끼워 발사한다. 총으로 치면 모포는 총신, 자포는 탄창이라고 볼 수 있다. 그러므로 여러 개의 자포를 준비해 사용하면 지속적으로 발사를 할 수 있어 그 위력이 대단했다.

이 불랑기가 우리나라에 처음 소개된 것은 임진왜란 때 명나라 군대가 평양성을 탈환할 때였다. 당시 명군은 호준포와 함께 불랑기를 사용해 평양성을 왜군으로부터 빼앗았다.

그러나 1982년에 양천구 목동에서 발굴된 세 점의 자포에는 명종 18년인 1563년에 제작되었다는 글귀가 적혀 있어 임진왜란 이전에 우리나라에 불랑기가 전해졌음을 알 수가 있다. 이 불랑기 자포는 임진왜란 이후에 들어온 것과는 많이 달라 놀라움을 준다.

그러면 불랑기는 어느 정도 위력이 있을까? 수평으로 발사하면 약 500m, 45도 각도로 발사하면 그 두 배 정도가 유효사거리다. 성벽을 부술 때에는 큰 탄환 하나를 사용하며, 인마살상용으로는 산탄을 사용하는데, 미리 자포를 준비할 수 있으므로 발사 간격을 빠르게 할 수 있다는 것이 최대 장점이다.

그러나 모포와 자포의 구경이 잘 맞지 않으면 곤란하다. 자포가 너무 작으면 화약이 폭발할 때 가스가 새어나가 위력이 반감되며, 너무 크면 총신이 폭발해 오히려 아군에 피해를 입힐 수도 있었다. 게다가 자포가 튕겨져 나와 포수가 다치는 일도 발생되어 나중에는 자포가 빠져나오지 않게 빗장을 단단하게 걸었다고 한다.

임진왜란 뒤 우리나라에서도 많이 만들어졌는데, 특히 인조 6년인 1628년 제주도에 표류한 네덜란드 사람들이 훈련도감에 배속되어 포 기술을 우리나라에 전했다고 한다. 처음에 세 명이었으나 병자호란 때 두 명이 죽고 남은 한 명 벨테브레이가 조선 여자와 결혼해 정착하니 바로 박연이다.

한편, 홍이포란 네덜란드에서 개발된 대포이다. 1604년 명나라와 네덜란드가 전쟁을 치렀는데, 중국은 당시 네덜란드 사람들을 붉은 머리를 한 오랑캐라고 해서 홍모이(紅毛夷)라고 불렀으며, 그들이 사용하던 대포를 홍이포(紅夷砲)라 하였다.

그 뒤 중국에서도 만들었고, 이것이 우리나라에 들어와 박연 등이 포 기술을 우리나라 사람들에게

총통 중 가장 큰 천자총통은 사정거리가 1.6km 이상이다. (전쟁기념관)

황자총통(전쟁기념관)

지자총통(전쟁기념관)

조선초에 개발된 총통. 크기 순서대로 천지문의 글자를 붙였다.

가르쳤다. 사정거리는 700m로 다소 짧은 편이다. 강화도 전적지에는 여러 곳에 홍이포가 전시되어 있는데, 초지진 홍이포가 진품이란다. 1866년 병인양요와 1871년의 미국 아시아함대 침입, 1875년 일본 군함 운요호사건 때 사용했다.

여기에서 좀 더 알아볼 것은 우리나라 대포인 총통과 완구다. 이름도 특이한 대포들인데, 완구는 대포, 총통은 중형포 혹은 소포다.

완구는 입구가 커서 사발처럼 생겼다 하여 붙여진 명칭이며, 별대완구, 대완구, 중완구, 소완구의 크기가 있었다.

현자총통(부천활박물관)

종류가 많았다는 것은 그만큼 많이 쓰였음을 의미한다. 단석과 같은 탄환, 비격진천뢰 등을 쏘던 대포로 태종 때 개발된 것들이다. 대완구의 경우 사정거리는 단석이 500보, 진천뢰가 400보라고 한다. 이는 500 ~700m쯤 된다.

완구 중 가장 큰 별대완구. 입구가 사발모양이라서 완구라는 이름이 붙여졌다. (전쟁기념관)

총통은 완구보다 약간 작은 포로서 크기에 따라 천자문의 글자를 순서대로 붙였다. 천자(天字)· 지자(地字)· 현자(玄字)· 황자(黃字)는 물론, 그보다 작은 것들로 우자(宇字)· 주자(宙字)· 영자(盈字)· 측자(昃字) 총통이 있었다. 총통은 임진왜란 때 많이 사용된 것으로 특히 이순신 장군이 거북선에서 사용해 왜군들을 물리치는데 큰 역할을 했다. 천

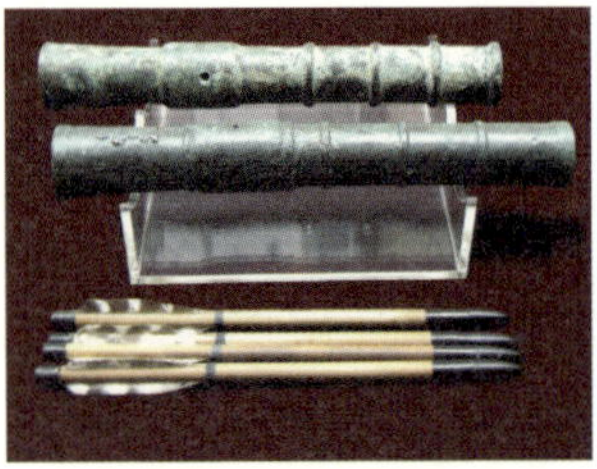

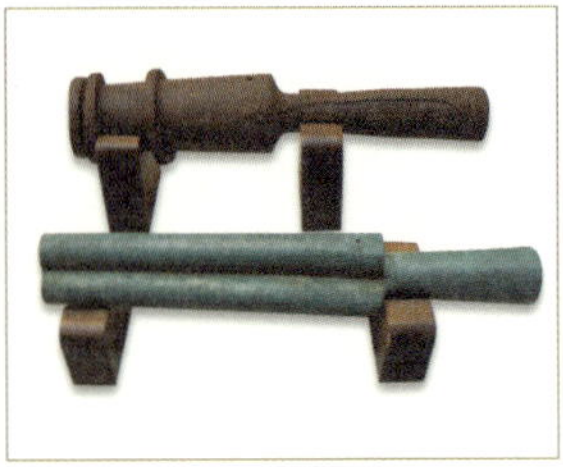

휴대용 개인화기인 세총통. 보물 제854호로 지정된 것이다. 오른쪽은 보물 제884호로 지정된 삼안총. (육군박물관) 아래는 오늘날의 기관총처럼 발사되던 십연자포. (전쟁기념관)

대장군의 위엄을 간직하고 있다는 대장군포.(전쟁기념관)

자총통에 대장군을 장착해 쏘게 되면 그 사정거리가 1~2.16km 정도 나온다. 보물 제647호로 지정된 천자총통은 1555년(명종 10)에 제작된 것으로서 전체 길이 1.31m, 통 길이 1.16m, 포구 지름 12.8㎝, 무게 296kg이 나간다.

이밖에도 기관총처럼 사용되던 오연자포와 십연자포, 최소형 휴대용 개인화기인 세총통, 포의 위력이 대장군의 지략과 위엄에 비길 만하다는 대장군포, 하나의 손잡이에 3개의 총신을 세모꼴로 연결한 휴대용 화기인 삼안총, 임진왜란 당시에 명나라에서 전래된 총통으로서, 소리가 크고 사거리가 긴 위원포 등 다양한 포와 총들이 있었다.

호준포는 호랑이가 앉아 있는 듯 생긴 데에서 붙여진 이름이다.(전쟁기념관)

가장 무서웠던 화살은?

몇해전 텔레비전에서 애기살의 위력에 대해 소개한 적이 있다. 애기살이란 작은 화살을 말하는데, 보통 화살 하면 크고 육중한 것이 무서울 것 같지만 애기살만큼 무서운 화살은 없다. 그 프로그램을 본 필자 역시 경악을 금치 못했는데, 200미터는 넘게 날아가 과녁에 정확하게 맞는 것을 보았으며, 일반 화살보다 훨씬 강력하게 장애물을 헤치고 나가는 것을 목격했던 것이다.

과연 애기살은 얼마나 무서울까? 기록에 의하면 사정거리는 공중을 지향하는 간접사의 경우 대략 1천보(약 600m) 밖에서도 갑옷이나 투구를 관통할 수 있었고, 조준 사격의 경우에도 대략 300보(240m) 정도로 당시 일반 화살의 사정거리인 230보(약 180m)보다 매우 우수한 편이었다. 임진왜란 때 조선군이 애기살을 쏘면 왜군은 언

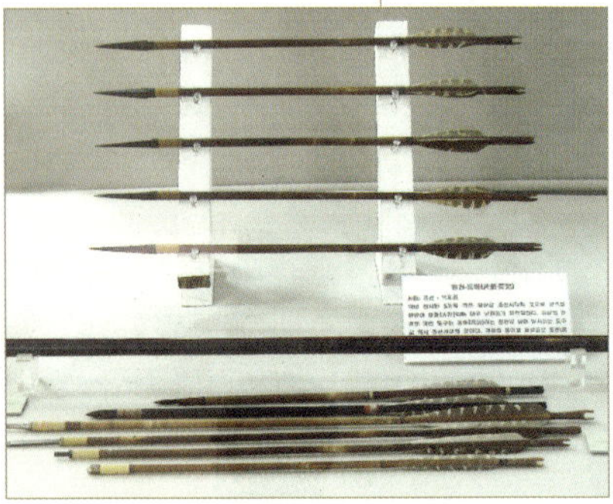

애기살은 한자로 편전이라고 불렸다. 중간에 긴 것이 애기살을 발사하던 통아다. (영집궁시박물관)

효시의 앞부분. 구멍 부분에 바람이 들어가 소리가 나게 되어 있다. (궁시박물관)

제, 어디에서 날아오는지조차 모른 채 이 화살을 맞고 외마디 비명을 지르며 죽었다고 전한다. 작으니까 눈에 잘 보이지도 않았다는 것이다.

그러면 애기살은 과연 어떻게 쏠까? 길이가 짧은 화살이니만큼 작은 활로 쏠 것처럼 생각되지만 그래가지고는 절대로 멀리까지 쏠 수는 없는 일이다. 애기살을 쏘려면 일단 강한 힘을 받을 수 있도록 시위를 키워야 하는데, 그때 사용한 것이 통아라는 것이다. 곧 통아 속에 애기살을 넣은 뒤에 활에 먹여 발사하는 원리다.

화살은 원거리 사격을 하는 것이니 총과도 같았다. 그런데, 주지하다시피 우리는 동이민족의 후예로 예로부터 활을 잘 쏘는 민족이다. 중국인들이 우리 민족을 동쪽의 큰활을 잘 쏘는 민족[夷→大弓]이라 하여 동이족이라고 했음은 다 알 것이다. 고구려 주몽이 명궁 중 명궁이었다고 전하며, 주몽이란 이름 자체도 활을 잘 쏘는 사람을 지칭한다는 것이다. 전에 텔레비전에서 〈고주몽〉이라는 드라마를 방영했는데, 여기에서 화살 하나로 날아가는 새 세 마리를 한꺼번에 잡는 장면이 나온 바 있다. 과연 그 장면은 충분히 가능한 걸까? 답은 전혀 아니다. 그저 주몽이 활을 잘 쏜다는 것을 보여주려고 한 것일 뿐이다.

활 중에 흥미로운 것이 많은데, 먼저 효시가 있다. 이는 옛날 전쟁을 시작할 때 신호탄으로 쏘던 화살이다. 뒤쪽에서 효시를 쏘면 슈우욱 하는 소리와 함께 병사들은 와, 하고 함성을 지르며 적을 향해 전진하게 된다. 전쟁의 시작을 알린다는 의미에서 효시는 오늘날 어떤 일을 가장 먼저 시작하는 것을 이르는 말로 사용된다.

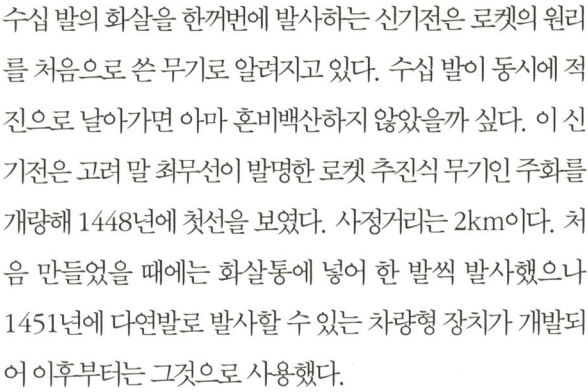

최초의 다연발 로켓포인 신기전. (공시박물관)

그런데, 정말 중요한 유물이 신기전이라는 것이다. 수십 발의 화살을 한꺼번에 발사하는 신기전은 로켓의 원리를 처음으로 쓴 무기로 알려지고 있다. 수십 발이 동시에 적진으로 날아가면 아마 혼비백산하지 않았을까 싶다. 이 신기전은 고려 말 최무선이 발명한 로켓 추진식 무기인 주화를 개량해 1448년에 첫선을 보였다. 사정거리는 2km이다. 처음 만들었을 때에는 화살통에 넣어 한 발씩 발사했으나 1451년에 다연발로 발사할 수 있는 차량형 장치가 개발되어 이후부터는 그것으로 사용했다.

한편, 기록에 의하면 신라 때에도 다연발 활이 있었으니, 명노사로 유명한 *구진산이 만든 강노가 그것이다.

* 구진산 : 신라가 삼국을 통일한 뒤 당나라는 신라를 속국으로 만들고자 하였다. 그 일환으로 당나라는 신라에 쇠노를 잘 만드는 구진산을 보내달라고 간청했다. 그가 제작한 쇠노는 1천 보도 더 날아가는 강력한 무기로 당시 최강의 무기였다. 그러나 구진산은 당나라에 건너가 별 볼 일 없는 쇠뇌를 만들었다고 한다. 당연히 신라를 향해 겨눌 것을 알아냈기 때문이다.

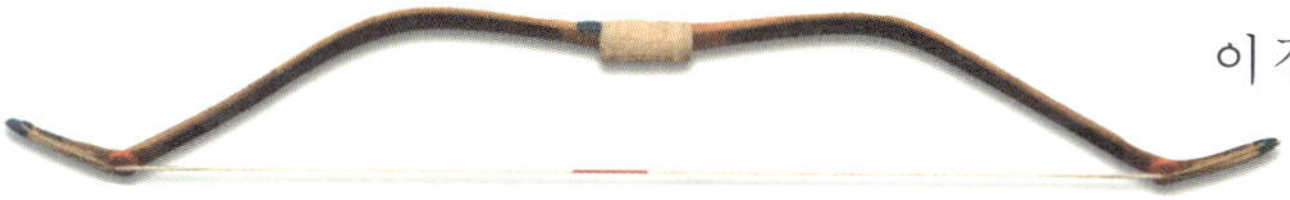

우리나라 전통 활인 각궁. (부천활박물관)

이 강노는 고려 시대에도 이어져 1104년 윤관이 별무반을 만들 때 요긴한 무기였다고 전한다.

한편 우리나라 전통 활은 각궁이라고 부른다. 몇몇 활 박물관에는 하나같이 이 각궁을 전시하고 있는데, 전시된 모양을 보면 무슨 활이 이래? 하는 생각도 든다. 활이 둥그렇게 똬리를 틀고 있기 때문이다. 그러나 이 각궁이야말로 세계적인 활이다. 우선 단단하기가 이를 데 없다. 소 힘줄과 무소의 뿔 등으로 만들었으니 활 하나에 얼마나 정성을 쏟았겠는가.

활쏘기에서 진 사람이 벌로 술을 따라 마시던 벌주잔. (궁시박물관)

세상에는 참 많은 활이 있다. 윌리엄 텔이 아들의 머리 위에 사과를 올려놓고 쏜 것은 아마도 영국 장궁일 것이고, 인디언들은 말리는 달 위에서 쏘기 위해 작은 활을 만들어냈다. 아프리카 밀림에 사는 부족들은 자신들을 보호하고 동물을 잡아먹기 위해 독화살을 쏜다. 그러나 우리 민족만큼 놀라운 솜씨를 가진 민족은 없을 것이다. 올림픽 양궁을 매번 휩쓸고 있는 것만 봐도 알 수 있지 않은가.

놀면서 영의정을 꿈꾸다

옛날에는 무엇을 하면서 놀았을까? 우선 가장 먼저 떠올릴 수 있는 것은 윷놀이다. 요즘도 설날에 온 가족이 둘러앉아 윷을 노는 가정이 꽤 있는데, 윷놀이는 삼국 시대 이전부터 전래되어 온 유서 깊은 놀이다. 전해지기로는 부여족이 5개 마을에 가축을 주면서 그것을 번식시키기 위해 시작했다고 전해진다.

이외에도 연날리기, 제기차기, 썰매타기 등등의 놀이가 전래되는데, 좀 독특한 놀이로는 투호와 종경도가 있다. 투호는 화살을 통에 던져 누가 많이 넣나 하는 것으로 왕족이나 양반들이 즐기던 다소 귀족적인 놀이다. 요즘은 웬만한 관광지에는 투호 놀이판이 준비되어 있으니 아마 한두 번쯤은 던져봤을 것이다.

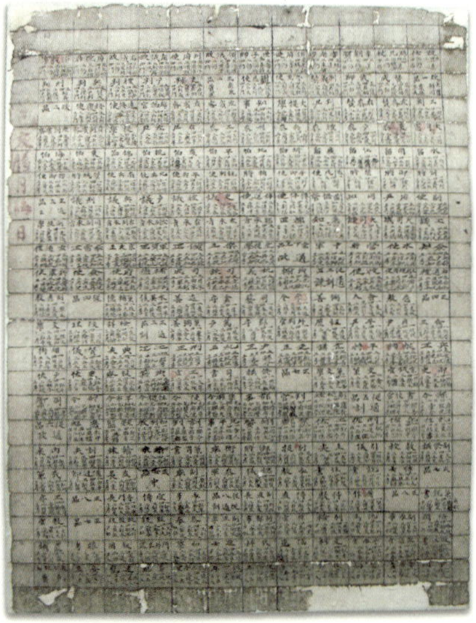

입신양명, 출세를 꿈꾸며 놀던 종경도 놀이판. (짚풀생활사박물관)

투호는 오늘날 웬만한 관광지에 가면 볼 수 있다. (남산한옥마을)

그런데, 가장 이상한 놀이를 들라면 바로 종경도 놀이다. 이 놀이는 커다란 종이에 갖가지 벼슬 이름을 적어 넣고 맨 위 삼정승에 먼저 올라가는 편이 이기는 것으로, 주사위와 같은 윤목을 던져 나온 수만큼 말을 이동한다. 종9품부터 시작해 슬슬 높은 직으로 올라가는데, 흥미롭게도 중간에 사약을 받는다든지 좌천이나 유배를 당하는 등 걸림돌도 있다. 어릴 때 뱀 주사위 놀이를 즐겁게 놀곤 했는데, 게임 방식이 아주 흡사하다.

이런 놀이를 즐긴 이유는 뭘까? 당연히 입신양명, 출세를 하자는 의미이다. 그래서 서당은 물론 양반집에서 자제들에게 종경도 놀이를 장려하기도 했단다. 그런데, 한 가지 더 이유가 있다면 복잡하기 짝이 없는 조선 시대의 다양한 관직 이름을 알자는 의미도 있었다.

이 종경도 놀이는 대체 어디에서 유래하는 걸까? 이에 대해 성현이 지은 「용재총화」에는 "정승 하륜이 만들었는데 9품으로부터 1품에 이르기까지 관직의 차례가 있어 윤목 6면에 덕, 재, 근, 감, 연, 빈 등 6자를 써서 덕과 재면 올라가고, 연과 빈이면 그만두되 마치 벼슬길과 같았다. 제학 권우가 작성도를 만들기를 9분으로부터 1분까지로 하여 사람의 어질고 어리석음과 마음의 맑고 흐림이 같지 않음을 따라 1분을 좇으면 올라가기 쉽고 9분을 좇으면 올라가기 어려웠다. 윤목 6면에 성과 경을 두 자씩 사와 위를 한 자씩 써서

뼈로 만든 패로 노는 골패. (국립민속박물관)

던지는 대로 가는 것은 성불도의 규칙과 같았다."고 기록한 것으로 미루어 하륜(1347 ~ 1416)이 만든 것이 확실하다. 이 기록에는 종정도라 하였는데, 종경도는 승경도, 종정도 등으로도 불렀다.

그런데, 놀이 중에는 놀음도 꽤 많아 투전이나 골패는 대표적이다. 먼저 골패는 말 그대로 뼈에 숫자를 뜻하는 구멍을 판 패로 모두 32개를 갖고 하는 게임이다. 화투처럼 건전하게 놀면 재미있을 텐데, 꼭 내기를 해야 직성이 풀리는 사람들이 있기 마련이니 이 골패도 놀음으로 바뀌어갔다.

골패는 송나라에서 처음 만들어졌다고 하므로 우리나라에는 고려 때 들어왔을 가능성이 크지만 정확한 기록은 없고, 조선말에 여러 기록이 남아 있으므로 청나라에서 유래된 것으로 보고 있다. 골패를 상당히 했던 모양인지 경상도 민요 중에는 골패타령이라는 것이 전래되기도 한다. 하지만 골패 자체가 값이 비싸고 놀이 방법은 복잡한 편이다.

흔히 절친한 친구, 호흡이 잘 맞는 사람 끼리를 아삼륙이라고 하는데, 이 말이 바로 골패에서 나왔다. 골패 중 괜찮은 패 세 가지가 쌍진아, 쌍장삼, 쌍준륙으로 이 세 가지

끝말을 이어붙인 것이 바로 아삼륙이다.

한편, 투전은 두꺼운 종이 60 ~ 80장을 가지고 노는 놀음으로 종이 한쪽에 인물이나 새, 동물을 숫자를 의미하게 그려 넣었다. 흔히 땡이라든가, 족보, 타짜와 같은 여러 도박 용어가 본래 화투에서 있었던 게 아니라 투전에서 비롯되었다고 한다.

재미있는 것은 서양의 카드놀이의 유래가 바로 투전에서 비롯되었다는 학설이다. 아놀드라는 서양학자가 쓴 「도박백과」에도 나오고 예전 브룩클린 박물관장을 지낸 크린이라는 분도 카드의 유래를 한국의 투전이라고 했단다. 실제 그림이 그려진 긴 종이를 펼쳐들고 있는 것은 카드나 투전이나 비슷하다.

그런데, 이 투전은 어떻게 유래되었을까? 임진왜란 때 명나라 군사가 들여왔다는 설도 있고, 숙종 때 장현이라는 통역관이 중국을 드나들다가 가져왔다고도 한다. 골패나 투전은 화투가 등장하면서 거의 사라졌다.

그러면 대체 화투는 언제 들어온 것일까? 화투는 일본에서 전래된 것으로 19세기 때 쓰시마 섬의 상인들이 들여왔

투전은 주로 놀음으로 이용되곤 했다. (국립민속박물관)

윷놀이는 고대 국가인 부여에서 유래했다고 한다. (국립민속박물관)

다는 설이 있다. 게임 회사로 유명한 닌텐도도 본래 화투 회사였다고 한다. 광이 있고 껍질이 있어 짝 맞추는 재미가 여간 흥미로운 게 아니라서 오늘날 최고의 오락으로 자리 잡고 있다. 놀이 방법도 다양해서 시골에 가면 외로운 노인들이 모여 치는 민화투부터 운수를 알아보는 떼기, 육백, 섰다, 도리짓고 땡에 고스톱 등 별의별 놀이가 다 창안되었다.

이왕 내친걸음, 화투의 끝인 고스톱은 그러면 언제부터 시작되었을까? 이에 대해 설이 분분한데, 본래 일본에서 만들어진 놀이가 한국전쟁 당시 일본에 주둔하던 미군들이 고스톱이라고 명명했다는 것이 신빙성이 높다. 그런데, 고스톱 연구가인 이호광 씨는 저서 「고스톱백과」에서 고스톱의 원류는 투전에 있으며, 한국인이 창안한 놀이라고 주장한다. 예나 지금이나 놀이에는 이로움도 있고 해로움도 있다. 무엇이든 지나치지만 않으면 괜찮을 것이다.

주머니는 왜 들고 다녔을까?

주로 남자들이 착용하던 귀주머니. (초전섬유퀼트박물관)

옛날 민예품 중에는 유독 주머니류가 많다. 향낭에 쌈지, 귀주머니, 두루주머니 등등 종류만도 여러 가지다. 도대체 왜 그렇게 주머니가 많았던 걸까? 그것은 한복의 독특한 구조 때문이었다. 옛날 한복은 요새와는 달리 옷에 주머니가 없었다. 그래서 별도의 주머니를 차고 다녔던 것이다.

그런데, 한복에 주머니를 왜 달지 않았던 걸까? 그것은 한복의 특성 때문이다. 옛날 한복은 빨래를 할 때 실을 뜯어서 분해를 한 뒤에 빨았다. 그렇게 한 뒤 다시 다림질을 하고 나서 꿰매어 입었던 것이다. 만약 주머니가 달려 있다면 주머니도 일일이 뜯었다 꿰맸다 해야 했을 것이니 여간 번거로운 것이 아니었을 것이다. 옛 여인들이 바느질이 얼마나 고되었으면 바느질 도구 일곱 가지를 가리켜 규중 칠우라고 했을까?

규중 칠우는 자, 가위, 바늘, 실, 골무, 인두, 다리미를 말하는데, 이를 의인화한 것이 고대소설 「규중칠우쟁론기」이다. 규중 칠우 중 가장 작은 것이라고 할 수 있는 골무는 바늘을 사용할 때 손가락이 다치지 않기 위해 손가락 마디에 끼우는 것인데, 크기는 작지만 가장 연장자로 감투할미라는 별명으로 불린다.

두루주머니는 입구가 주름이 잡혀 있다. (한상수자수박물관)

주머니 중에 향낭은 향을 넣어 은은한 분위기를 주고자 하는 것인데, 이 향이 때로는 약으로도 사용되어 체했을 때 조금 떼어내 먹기도 했단다. 또 길을 걷다 뱀이 나타나면 향냄새 때문에 물리지 않는다니 매우 요긴한 물건임을 알 수 있다.

그런데, 주머니는 언제부터 사용했을까? 「삼국유사」에 따르면 신라 경덕왕이 계집아이들 행동을 유난히 좋아해 주머니도 예쁜 비단 주머니를 찼다고 나오는 것으로 봐서 적어도 삼국 시대 때에는 있었을 것이다. 송나라 사신 서긍이 지은 「고려도경」에도 고려 귀부인들이 비단 주머니를 차고 있다는 구절이 나온다.

또한 조선 시대에 들어와서는 정월에 주머니를 선물하는 풍습이 있었다고 한다. 정월 해일에 황두를 볶아 종이에 싸서 주머니와 함께 선물하는데, 이것을 차면 1년 내내 귀신을 물리치고 복이

수저를 넣는 수저집. (국립고궁박물관)

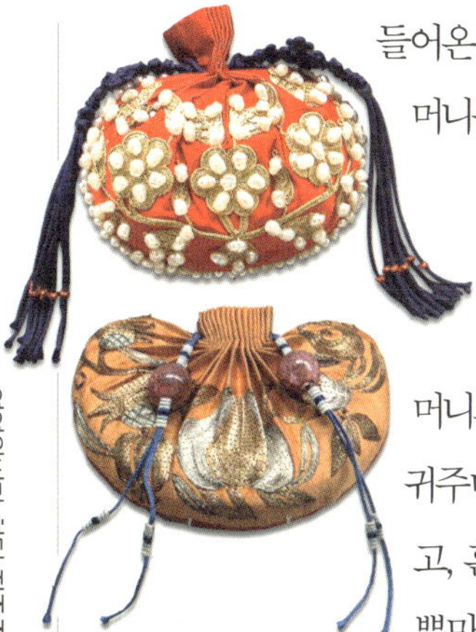

영영왕비가 차던 진주주머니. 아래 / 왕비가 사용하던 향낭.(국립고궁박물관)

들어온다고 믿었다. 이때 나눠주던 주머니를 특별히 복주머니라고 부른다.

주머니는 그 종류가 매우 많지만 가장 큰 구별은 입구가 네모냐 주름이 졌느냐에 따라 귀주머니와 두루주머니로 대별된다. 그중 귀주머니는 주로 남자들이 사용하였고, 흔히 줌치라고도 했다. 향을 넣을 뿐만 아니라 약도 넣고, 수저나 안경, 도장 등도 넣어 가지고 다녔다. 평소에는 채색이 화려한 것을 사용하다가 상을 당하면 남자건 여자건 흰 무명 주머니를 만들어서 찼다.

한편 쌈지 역시 주머니의 일종인데, 남자들이 부싯돌이나 담배를 넣어가지고 다니던 것을 특별하게 말하는 것이다. 담배를 넣으면 담배쌈지, 부싯돌을 넣으면 부시쌈지라고 한다.

남자들이 담배나 부싯돌을 넣어 가지고 다니던 쌈지. (서울역사박물관)

몬드리안도 울고 갈 옛 여인들의 심미안

우리의 옛 물건 중에는 하찮아 보이지만 놀라운 예술성이 담긴 것들이 꽤 많다. 그중에서도 조각보는 특히 뛰어난 예술품이라고 할 만하다. 조각보는 본래 자투리 천을 모아 두었다가 이어 붙여 만드는 것인데, 그 자투리 천들이 엮어내는 각종 문양이 실로 감탄을 자아낸다.

꽃무늬를 표현하기도 하고, 기하학적인 무늬를 표시하기도 하는데, 기하학적인 구성 중에는 몬드리안의 원색을 보

모시 조각보는 좀처럼 보기 어렵다. 크고 작은 기하학적 배열이 한참을 들여다보게 만든다. (초전섬유퀼트박물관)

화려함이 돋보이는 조각보. (초전섬유퀼트박물관)

는 것 같은 조각보도 상당히 많다. 우리 옛 여인들의 심미안을 충분히 보여주고도 남아 아마도 *몬드리안이 봤더라면 울고 갔을 성싶다.

보자기는 얼마나 놀라운 발명품인가. 별것 아닌 듯하지만 가만히 용도와 형태를 생각해 보면 정말이지 대단한 물건이다. 특히 서양의 가방에 비하자면 그 형태도 자유롭고, 그래서 어떤 물건도 능히 쌀 수가 있다. 또한 사용하지 않을 때에는 착착 접어두니 부피도 많이 차지하지 않는다.

보자기의 용도는 그야말로 무궁무진. 쌀 수 있는 것을 만들면 바로 그것이 보자기 이름이다. 이불을 싸면 이불보, 혼례식에 사용되는 사주단자를 싸면 사주보, 목안을 싸면 기러기보, 밥상을 덮는 데에 쓰면 상보, 한지로 오려 만든 버선을 싸두는 것은 버선본보, 책을 싸면 책보, 보부상들이 짐을 싸는 것은 보부상보, 편지를 은밀히 전달할 때 싸는 간찰보, 빨래감을 싸면 빨래보, 불교 경전을 싸면 경전보, 함보, 경대보, 횃대보, 보쌈보, 제기보… 가히 천의 용도를 가진 묘물이라고 할 것이다. 장날 시골버스 안에는 닭을 싼 것도 심심치 않게 보인다. 가방에 닭을 넣어 다닐 수 있는가.

보자기에는 다양한 문양을 넣었는데, 용문, 운문, 화문, 수목문 등이 대표적이며, 수복이나 강령과 같은 글자를

* 몬드리안 : 네덜란드의 화가(1872 ~ 1944). 칸딘스키와 더불어 추상화의 선구자다. 자연주의와 포비즘을 거쳐 수평과 수직의 순수추상으로 향하였다.

혼례식에 사용할 목안을 싸면 기러기보라고 한다. (사전자수박물관)

새겨 넣어 소망을 기원하기도 했다. 수보라고 해서 자수까지 한 것은 혼례 때 쓰일 정도로 화려한데, 나무와 꽃문양이 가장 많았고 학이나 봉황, 공작 등의 상서로운 새와 나비나 벌레, 각종 잡새를 수로 놓았다. 보자기는 복과 비슷한 발음을 지녀 복을 싸둔다는 의미도 있었고, 그래서 옛 여인네들은 보자기를 만들 때 더욱 정성을 기울였다.

이 많은 보자기 중에 조각보를 가장 압권이라고 하는 것은 전체적인 구성도 뛰어나지만 검소한 우리 조상의 정신이 스미어 있기 때문이다. 바느질을 할 때 조그만 천 조각 하나라도 버리지 않고 아껴 두었다가 조그만 보자기라도 하나 더 만들려고 한 것이 바로 조각보인 것이다. 이만하면 실용과 예술을 동시에 갖춘 최고의 생활 예술품이지 않겠는가. 또한 우리네 옛 여인들은 이름 없는 예술가라고 불러도 손

사주단자를 싸던 사주보.
(사전자수박물관)

끈 달린 상보. 상을 싸두던 보자기다. (초전섬유퀼트박물관)

색이 없을 것이다.

여기에서 한 가지 더 살펴볼 것은 자수의 세계다. 바늘로 한 땀 한 땀 문양을 만들어가는 자수는 약 5000년 전 이집트에서 비롯되었다고 하며, 3000년 전 아시리아 유물 중에는 꼼꼼하게 수를 놓은 자수 유물이 발견된다고 한다. 자수는 특히 페르시아에서 크게 성행해, 이것이 동서양으로 전파된 것으로 여겨진다.

그러면 우리나라에서는 언제부터 자수가 시작되었을까. 고려 고종 때 들어온 것으로 보이는데, 왕의 예복과 혼례복을 수를 놓아 만들었다고 전해진다. 그러나 우리나라 전통 자수는 조선 시대의 자수를 가리킨다. 전통 자수는 사실적이고 장식적인 문양과 선명한 색채, 간결한 구도에 단순한 수법 등이 특징이다.

그런데, 요즘 초등학교에서 아이들이 가끔 배우는 십자수는 어디에서 유래할까? 먼저 십자수란 열십자 형태로 수를 놓아가는 것으로 미리 도안이 되어 있으므로 쉬운 방법인데, 4세기경 터키에서 시작되었다고 한다. 이것이 우리나라에 들어온 것은 조선말이다.

보기 좋은 떡이 먹기에도 좋다

우리나라 떡을 보면 참 모양도 예쁘다. 떡살로 찍어서 꽃무늬를 낸 것은 물론이거니와 동글동글한 것, 네모난 것, 진달래꽃을 얹은 화전 등등 다양한 형태와 빛깔이 있다. 알려지기로는 우리의 전통 떡은 그 종류가 200종이 넘는다고 하며, 현재 연구가들에 의해 재현된 것만도 70여 가지나 된다. 이 많은 떡은 어떻게 분류를 할까? 만드는 방법으로 분류를 하는 것이 가장 일반적인데, 삶아서 만든 삶은 떡, 지져서 만든 지진 떡, 절구나 안반에 놓고 친 떡, 시루에 찐 떡으로 나눈다.

개성우매기 : 개성에서는 주악을 우매기라고 부른다. 주악은 찹쌀가루에 대추를 이겨 끓는 물에 반죽하고, 설탕에 버무린 팥소 따위를 넣어 송편처럼 빚어서, 기름에 지진 뒤 꿀에 재운 떡이다. 본래는 떡을 괼 때 보기 좋으라고 올려놓는 웃기로 쓰는 음식을 말한다. 웃기떡이라고도 한다.

여주산병 : 땅이 비옥한 여주지방에서 만들어 먹던 향토 떡이다. 흰떡을 하는 법과 똑같은데, 떡 위에 또 다른 작은 떡을 산처럼 올려 붙여놓는다.

떡은 아마도 곡식을 축적하기 시작했을 때부터 만들어 먹었을 것이다. 잉여 식량으로 만드는 것이 떡이기 때문이다. 원시인들도 떡을 해 먹은 것으로 보이는데, 곡식을 갈던 갈판과 갈돌은 물론 시루 토기가 발굴된 것을 보면 알 수가

메밀총떡 : 메밀가루를 묽게 반죽해서 무, 배추, 고기, 오징어 등을 소로 넣고 말아 익힌뒤 지지는 강원도의 별미 떡.

있다. 떡에 관한 기록으로 가장 오래된 것은 삼국 시대 유리왕 때의 이야기다. 당시에는 희한하게도 떡에 이빨을 찍어서 가장 많은 이빨을 가진 자가 왕이 되었다는데, 유리왕과 탈해왕이 서로 왕위를 양보하니 떡을 가져와 이빨을 찍어 보고 유리왕이 더 많아서 왕이 되었다고 전해진다. 물론 탈해왕은 유리왕의 뒤를 이어 왕이 되었다.

신라 제20대인 자비왕 때 백결 선생은 너무 가난해서 떡조차 해 먹지 못했던 모양이다. 아내에게 떡 하나 제대로 해 줄 형편이 못 되어서 거문고 소리로 떡방아 찧는 소리를 내서 달래주었단다.

해장떡 : 뼈해장국과 함께 먹으면 속이 확 풀린다는 떡으로 충청북도 충원지방 사람들이 즐겨 먹었다.

떡 문화가 발전한 것은 고려 시대에 들어와서부터다. 불교가 더욱 성행하면서 다양한 떡들이 만들어졌던 것. 그것이 조선에 들어와 더욱 발달해 오늘에 이른다.

떡에 얽힌 이야기 중 남주북병이라는 게 있다. 서울에서 남산 일대의 남쪽에는 주로 무관들이 살았는데, 술을 자주 마셨고, 북쪽에는 문관들이 많이 살았고 떡을 주로 해 먹었다는 것이다. 떡이 더 귀한 것이니만큼 문무에 차별이 있었다는 이야기다. 여기에서 오늘날까지 이어지는 전통이 있으니 바로 낙원상가 일대의 떡집들이다. 낙원상가 근처는

감자송편 : 감자녹말을 익반죽하여 팥소나 풋강낭콩 소를 넣고 송편처럼 빚어 찌는 떡.

바로 옛날 문관들이 많이 거주하던 지역이다.

떡은 사실 별식이다. 정월대보름이나 추석과 같은 명절에 주로 해 먹었으며 평상시에는 떡 구경하기가 만만치 않았다. 또 떡은 지방별로 이른바 특산 떡이 있어서 개성우매기니 여주산병이니 강원도 메밀총떡이니 중원 지방의 해장떡이니 하는 것들이 있다. 그리고 시절별로 서로 다른 떡을 해 먹었으니 떡타령이라는 노래에 잘 나타나 있다.

떡에 관한 속담도 무지기수인데, 재미난 것 중에는 미운 아이 떡 하나 더 준다는 것이다. 왜 하필 미운 아이에게 떡을 하나 더 줄까? 이왕이면 예쁜 아이에게 줄 것이지 말이다. 미운 아이는 달래야지 야단치면 삐뚤어질 염려가 있다는 것이다. 뭐, 미울수록 더 사랑

떡사오 떡사오 떡사려오
정월망일 달떡이오
이월한식 송편이오
삼월삼짇 쑥떡이로다

떡사오 떡사오 떡사려오
사월팔일 느티떡
오월단오에 수리치떡
유월유두에 밀전병이라

떡사오 떡사오 떡사려오
칠월칠석에 수단이오
팔월가위 오려송편
구월구일 국화떡이라

떡사오 떡사오 떡사려오
시월상달 무시루떡
동짓달 새알병요
섣달에 골무떡이라

– 〈떡타령〉

감고지떡 : 감이나 곶감을 이용한 떡이다. 설탕물을 내린 멥쌀가루에 썰어 말린 감을 섞어 버무린 다음, 팥고물을 켜켜로 얹어가며 안쳐 쪄서 먹는다.

각색편 : 갖가지 떡을 켜켜이 올려 만든 떡 종합 세트이다. 팥떡, 찰떡, 녹두찰떡, 꿀찰떡, 쑥떡, 흰꿀떡, 승검초꿀떡 등을 올려놓아 색깔도 매우 다양하다.

하라는 의미도 담고 있는 말이라고 할 수 있겠다. 또 하나 희한한 속담이 누워 떡 먹기다. 아주 쉬운 일을 그렇게 말하는데, 실제로 누워서 떡을 먹어 보면 체하거나 목구멍에 떡이 잘 넘어가지 않으니 매우 어려운 일임을 알 수 있다. 그럼에도 누워 떡 먹기라고 하는 것은 어떤 일을 하는데 힘을 전혀 들이지 않고 쉽게 할 수 있다는 뜻이다.

떡이야기는 참 많은데, 송편의 경우 처녀가 송편을 예쁘게 빚으면 멋진 신랑을 만난다고 했고, 임산부가 잘 빚으면 예쁜 아기를 낳는다고 했다. 약식은 신라 소지왕 이야기가 서려 있다. 어느 날 까마귀가 정월 대보름날의 재앙을 미리 알려줘 소지왕이 목숨을 구했단다. 그래서 찹쌀로 까마귀 먹이를 주려고 만든 것이 바로 약식이라고. 백설기는 하얗게 찐 떡인데, 아이들 돌잔치에 많이 사용된다. 역시 아무 탈 없이 자라라는 뜻이 있다. 팥 시루떡은 붉은 색. 주로 고사에 사용되는데, 사악함을 쫓는다는 뜻이 서려 있다.

개떡 : 쌀가루나 보릿가루에 어린 쑥을 넣고 반죽하여 뒤 손으로 둥글납작하게 개어 만들어 찐 떡.

고치떡 : 누에고치처럼 생긴 떡으로
멥쌀가루로 만든다.

괴명떡 : 찹쌀가루를 익반죽해서 동그랗게
빚은 뒤 기름에 지져서 식힌 후 참기름을 바르는
지지는 함경도 떡

꿀물경단 : 찹쌀이나 수수를 가루로 내어
반죽한 뒤 밤톨만한 크기로 잘라 끓여 만든 뒤
잣을 박고 꿀물에 담근 황해도 떡.

달떡 : 멥쌀을 쪄서 오래 치댄 후 흰 떡을 만들고
이것을 잘라 동그랗게 빚은 뒤 떡살로 찍어 만든 떡.
혼례식에도 이용되었다.

구름떡 : 검정쌀과 찹쌀을 섞어서 빻은 것에
계피를 약간 섞어 넣고 시루에 쪄낸 떡이다.
떡을 칼로 자르면 옆면이 마치 구름처럼 생겼다.

국화전 : 음력 9월 9일 중양절에 해먹는 화전이다.
찹쌀떡 위에 꽃잎을 부치고 지져 먹는다.

꽃송편 : 멥쌀가루를 쪄서 갖가지로 색을 들인 후
송편을 빚은 후 다른 색깔의 떡으로 꽃모양 등을
빚은 전라도의 장식용 웃기떡.

방울증편 : 멥쌀가루에 막걸리를 넣어 반죽해 발효시키고, 거피팥고물을 둥글게 빚어 위에 얹어 찌는 강릉 향토 떡.

두텁단자 : 찹쌀가루를 익반죽하여 여러 가지 소를 넣고 둥글게 빚어 끓는 물에 삶아 팥고물을 묻힌 떡.

반달곤떡 : 찹쌀가루를 동글납작하게 반달 모양으로 반죽해 지진 떡이다. 모양이 고와서 곤떡이라고 하는데, 충청도에서 부르는 명칭이다.

노티떡 : 기장 또는 찹쌀을 엿기름으로 삭혀서 지진 떡이다. 명절 때 음식상에 올렸던 떡으로 특히 평안도에서 많이 해먹었다.

백설기 : 하얀 설기떡이다. 물 내린 멥쌀가루를 고물 없이 시루에 쪄서 만드는데, 밤·대추·석이·실백 따위의 고명을 얹으면 훨씬 맛이 난다.

닭알떡 : 쌀을 갈아서 물기를 쏙 빼고 안에 소를 넣은 뒤 만든다. 닭알 모양이다.

무지개떡 : 몇 가지 색소를 곁들여 만든 설기떡이다.

초를 자르던 초가위

옛 물건 중에는 참 희한한 것이 많다. 바로 이 가위만 해도 그렇다. 서울역사박물관에서 처음 이 가위를 보았을 때 분명 겉모양은 꼭 엿장수가 들고 다니면서 찰랑찰랑 박자를 맞추는 엿장수 가위처럼 생겼는데, 용도는 옛날 초를 자르던 것이란다. 전촉자란 전이 자를 전, 촉이 초를 뜻하고, 자는 물건에 붙여진 명칭이니 그럴 듯한 이름이다. 우리말로 초가위라고도 하는데, 어쩐지 초가위 하면 나를 정감이 간다.

초의 심지를 자르던 가위 전촉자. (서울역사박물관)

그런데, 대체 이런 가위는 왜 만들었을까? 요즘엔 전기가 다 들어오니 초를 거의 쓰지 않으니까 그런 생각이 들 수도 있겠으나 수십 년 전까지만 해도 초를 많이 사용해서 이 같은 물건도 꽤나 요긴했다. 가위 끝을 보면 반원으로 되어

안압지에서 발굴된 초가위는 금동 재질로, 방울 무늬와 당초문이 화려해 멋과 실용을 겸비한 생활용품임을 잘 보여 준다.

있는데, 양쪽 가위 날을 붙이면 초의 굵기 정도로 알맞다. 초를 끌 때 함부로 입김으로 불어 끄지 않았으니 운치도 꽤 있다.

그런데, 초는 두께가 아주 굵은 것도 있다. 화촉을 보면 보통 초 대여섯 개는 되는 두께인데, 그럼 이렇게 큰 초는 어떻게 심지를 잘랐을까. 역시 전촉자로 잘랐으니 전촉자 중에는 가위 날 끝의 반원이 큰 것도 있었단다.

전촉자는 대체로 놋쇠로 만들었고 따라서 무게가 묵직한 편이다. 전촉자는 경주 안압지에서도 촛대와 함께 출토되어 그 역사가 상당히 오래되었음을 짐작할 수 있다.

압압지에서 촛대와 함께 출토된 전촉자는 길이는 25.5cm로 통일신라 때의 유물이다. 우선 재질이 금동이고 손잡이 부분에 방울 무늬와 당초문이 화려하게 새겨져 있어 왕실 또는 귀족들이 사용하던 것임을 알게 해 준다. 일본 정창원에도 이와 비슷하게 생긴 것이 소장되어 있는데, 세부 장식만 약간 다를 뿐이라서 신라에서 전래된 것으로 추측된다.

이를 볼 때 전촉자가 우리에게는 생소하고 낯선 것이지만 우리 조상들에게는 흔하면서도 친숙한 생활용품이었음을 알 수 있다. 게다가 멋까지 갖추었으니 사소한 것에도 아름다움을 담고자 한 옛 사람들의 정신세계를 볼 수가 있다.

옛날에도 온실이 있었을까?

사시사철

언제든지 채소를 먹을 수 있는 시대다. 비닐하우스 온상 재배 때문인데, 옛날에도 온실이 있었을까? 필자 학창 시절은 물론 2000년까지도 옛날에는 온실이 없었다고만 알려졌었는데, 문제는 <조선왕조실록>을 보면 겨울철에도 꽃이 생산되었다는 것이었다. <성종실록>에 1471년 1월 궁궐 꽃을 담당하는 장원서에서 연산홍을 임금께 올리자 성종은 '겨울에 핀 꽃은 인위적이라 좋아하지 않는다.'고 한 구절이 나오는 것이다. 대체 어떻게 겨울에 꽃을 키웠지…. 그런데, 그 궁금증이 해결되었다. 2001년에 발견된 <산가요록>이라는 책 때문이다. 의관으로 일한 전순의가 1450년경에 저술한 이 책은 종합 농서로, 당시의 농업 기술과 술 빚는 방법, 음식 조리하는 법, 식품 저장법을 담고 있다.

그런데 놀랍게도 '동절양채' 편에 당시 온실을 이용해 겨울철에도 채소를 가꿨다는 기록이 나온다. 우선 흙벽으로 담을 쌓고, 남쪽 면은 45도 기울게 하여 기름 먹인 한지로 발랐다. 그리고 바닥에는 구들을 놓은 위에다 채소를 가꿀 흙을 30cm 정도 높이로 쌓았다. 햇빛이 잘 들도록 하고, 구들까지 놓아 실내 온도를 높여 채소를 키웠다는 것이다. 날

옛 온실. 지붕에는 흰 눈이 쌓여 있지만 내부에는 파란 채소가 자라고 있다. (농업박물관)

씨가 풀리면 덮개를 열어 환기를 시켰다는 것, 그리고 온실에 늘 물을 뿌려 방안에 항상 이슬이 맺히게 했다는 것, 그래서 늘 토양에 수분이 있도록 했다는 것인데, 정말 놀랍지 않은가. 이와 비슷한 시기에 강희안이 저술한 〈양화소록〉에도 토우라는 움집 온실이 소개되어 있어, 당시에 실제로 온실이 사용되었음을 알 수가 있다. 이러한 온실은 세계 최초의 기록으로 1619년 독일 하이델베르크에서 시작되었다는 유럽보다 무려 170년경 앞선 것이다.

그런데, 왜 조선의 온실은 이후에 이어지지 않았을까? 그 이후의 농서에는 기록이 나오지 않으니 이상한 일 아닌가. 연구가들은 우선 연료가 만만치 않았을 거라고 추측하며, 둘째는 식품 저장법이 발달해 굳이 겨울철에 온실에서 키우지 않아도 되었다고도 말한다. 한편, 이 농서를 보고 옛 온실을 재현해 놓은 곳이 있는데, 남양주시 조안면의 영화종합촬영소 바로 옆에 마련되어 있다.

사주와 관상, 점은 믿을 만한가?

해마다 정초면 바쁜 곳이 점집이다. 새해에는 좋은 일이 있을까? 아이는 대학에 붙을까? 남편은 승진할까? 궁금한 게 한두 가지가 아니다. 사주로 신년 운세도 보고, 관상도 보고, 육효도 떼어보고, 요즘에는 사주카페에서 타로카드도 심심풀이로 해 보는 사람들이 의외로 많아졌다. 그만큼 뭔가 의지할 데가 필요한 것이 우리들이다.

과연 이러한 것들은 신빙성이 있을까. 필자가 듣기로는 사주는 5~60%, 관상은 70% 정도 믿을 만하다고 주장한다. 적어도 반 정도는 맞힐 확률이 있으니까 사람들이 고개를 끄덕이면서 찾게 되는 것 같다. 그런데, 더욱 믿을 만한 것은 심상이라고. 관상은 얼굴 위주로 신체를 보는 것이고, 심상은 그 사람의 마음을 보는 것을 말한다. 오로지 마음에 달려 있다는 말을 흔히 하는데, 심상은 90% 이상이 맞

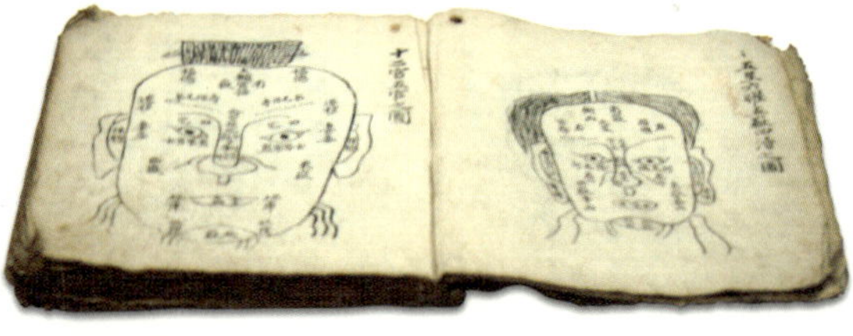

얼굴을 보면 그 사람의 앞날을 알 수 있다는 것이 관상이다. (국립민속박물관)

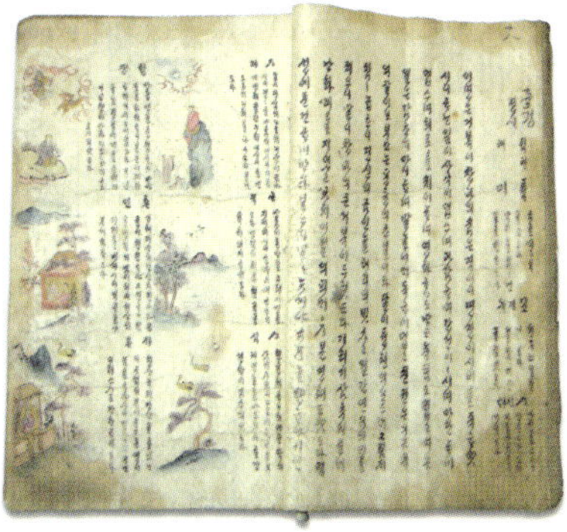

생년월일과 태어난 시간을 통해 운명을 점쳐 보는 당사주 책. (온양민속박물관)

는다는 것이 유명 관상가의 말씀이다.

사주는 태어난 생년월일과 시간을 보고 운명을 알아보는 것인데, 오늘날에는 재미삼아 보는 성격이 짙어졌지만 옛날에는 그렇지가 않았다. 오죽하면 혼례 전에 신랑의 사주를 꼼꼼하게 적어서 사주단자로 신부집에 보냈을까. 신부집에서는 신랑의 사주를 본 뒤 길일을 잡아 혼례 날짜를 잡았던 것이다. 물론 요즘도 그런 습관이 남아 있어 결혼 전에 사주도 보고 궁합도 맞춰본다.

그런데, 이 사주는 어디에서 유래할까? 그 기원을 따져 올라가 보면 하도 팔괘라는 동양철학의 시원에 닿는다. <산해경>에 하도는 복희 시대 때 용마가 전해 준 우주의 원리이고 8괘는 낙수에 나타난 거북이 등에 새겨진 것을 복희씨가 취해 8괘를 만들었다고 한다. 이 팔괘가 변천을 해오다 후한에 이르러 사주로 자리 잡았다고 한다. 오랜 동안 쌓여온 것이라서 함부로 말하기 어려운 것이 사주다.

사주를 보는 책을 보면 알록달록한 그림들이 곁들어 있어 흥미로운데, 본래 당나라 이허중이 지은 책에 그림을 넣은 것으로 이를 당사주라고 부른다. 그림 때문에 더욱 서민들의 인기가 높았다.

한편, 팔자대로 산다는 말이 있는데, 팔자는 바로 사주를 말한다. 생년월일과 시간을 각각 간지로 나타내면 여

덟 글자이므로 팔자라고 하는 것이다. 그리고 흔히 아홉수가 좋지 않다는 말을 한다. 이 아홉수라는 말이 어디에서 유래하는지 정확히 알려진 바 없다. 그러나 청나라 심호일이 썼다는 〈삭기〉에 의하면 아홉수는 밝은 9와 어두운 9가 있는데, 9, 19, 29, 39와 같이 9가 직접적으로 들어간 수는 밝은 9라 하고, 18, 27, 36, 45와 같이 9의 배수가 들어 있는 수는 어두운 수라면서 밝은 9보다 어두운 9가 들어 있을 때 더욱 불길하다고 한다. 그러나 아홉수는 아무래도 새로운 10단위를 출발하기 전에 조심한다는 의미가 더 강하다는 것이 일반적인 견해다.

관상은 중국에서 전해진 것으로, 일찍이 춘추 시대에 진나라의 고포자경이 공자의 얼굴을 보고 장차 대성인이 될 것이라고 예언했다고 하며, 전국 시대 때 위나라의 상거라는 사람이 관상의 대가로 유명했다고 한다. 남북조 시대에 중국에 선교를 전한 달마 역시 관상의 대가로서 오늘날까지 〈달마상법〉이 전해지며, 송나라 때에 마의선사가 관상학을 정립하고 〈마의상법〉이라는 책을 남겼다.

한편, 새해가 되면 〈토종비결〉도 상당히 많이 보는데, 선조 때 이지함(1517~1587) 선생이 주역의 괘로 신년 운세를 점쳐 볼 수 있도록 만든 원리이다. 사주 중에 시간은 제외하였으며, 4언 절구로 마치 시처럼 되어 있다. '북쪽에서 목성을 가진 귀인이 와서 도와주리라'라는 식의 비유나 '여름에 물가에 가면 조심하라'라는 등의 경각심을 깨우는 방

산가지로 점을 치는 산통점. 나무 조각을 여섯 개 뽑아 볼 경우를 육효라 한다. (국립민속박물관)

법으로 기술되어 있다. 토정비결을 신봉하는 이들은 이것이 통계학의 한 종류로 믿는다.

그런데, 여러 가지 믿음 중에서도 점복만큼 천차만별인 것도 드물다. 동서고금을 막론하고 행해져 왔는데, 그 종류도 이루 헤아릴 수조차 없이 많다. 별을 보고 점을 치는 점성술이 있는가 하면, 동물의 내장을 보고도 점을 쳤으며, 무심히 책을 폈을 때 가장 먼저 눈에 띄는 문장으로 점을 보기도 했다. 그런 것을 개선점이라고 하는데, 심지어는 성서로 개선점도 보았으니 그것을 특별히 성서점이라고 했다. 쌀을 이용한 쌀점, 엽전을 이용한 돈점, 거북이 껍질을 불에 태운 뒤 나타나는 무늬로 보는 점 등등 이상한 점도 많다.

한편 산가지를 이용한 산통점도 꽤 흥미로운데, 본래 산가지란 물건의 수효를 헤아릴 때 사용하는 작은 나무 조각이다. 이것을 조그마한 통 속에 넣고 흔들어대다가 점을 보고자 하는 이에게 뽑게 해서 점을 친다. 이것을 여섯 번 반복하는 것이 육효점이다.

과학이 발달한 오늘날에는 많이 사라졌다고 믿고 있지만 실제 생활을 들여다보면 여전히 점이 성행하는 것을 알 수 있다. 아마도 우리들이 앞날을 무던히도 미리 알고 싶어 하기 때문이리라. 지나치게 맹신하지 않고 살아가는 데에 지혜를 얻는다면 이런 믿음들도 매우 필요하다는 생각이다.

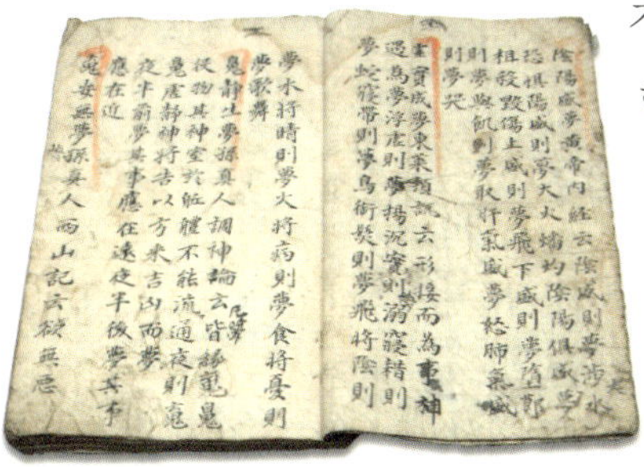

점복술을 기록한 점서. (국립민속박물관)

그것 참 요상한 술잔들

옛 술잔 중에서 특이한 것이 마상배(馬上杯)와 벌주잔이다. 마상배는 말 그대로 말 위에서 술을 마실 때 쓰는 잔이라는 뜻인데, 도대체 왜 말 위에서 술을 마셨을까. 이는 전쟁터에 나가기 직전 임금님이 하사한 술을 마신 것이다. 용기 있게 싸우고 꼭 승리하라는 의미이다. 평화로울 때에는 평지에서 사용하였으며, 제사 때에는 제기로도 사용하였다고 한다. 마상배는 적어도 삼국시대 때부터는 있었을 것으로 추측된다. 굽이 높고 손잡이가 달린 토기로 된 잔이 옛 신라 영토에서 수 점 출토되었다. 고려 때에 들어와서는 청자로 만든 잔이 유행하였으며, 조선 시대에는 백자나 분청사기로 된 잔이 많이 쓰였다. 그런데, 시대에 따라 모양이 다소 다르니 고려 마상배는 마치 팽이처럼 생겨서 밑이 뾰족하고 주둥이는 오므려 있는 반면 조선 마상배는 손잡이처럼 높은 굽다리가 대접 아래에 붙어 있다.

고려시대의 마상배는 아랫부분이 꼭 팽이처럼 생겼다. 청자 마상배다.

청자와 상감청자, 백자와 분청사기 등 도자기로 된 것이 많아 수집가들에게 인기가 많다.

한편, 벌주잔은 활쏘기 내기를 할 때 패한 사람이 벌로 마실 때 사용하던 잔을 말한다. 옛날에는 활이 무인들의 필수품의 하나로서 국가에서도 여러 차례 활쏘기 대회를 개최하였다. 그중 가장 큰 대회는 대사의라고 하여 왕도 참관하는 행사였다. 먼저 왕이 활을 세 번 쏜 뒤 그날 참가자들이 차례로 나와 활솜씨를 겨룬다. 이렇게 각자 세 번씩 활을 쏘는데, 활로 과녁을 맞히면 상을 주나 맞히지 못하면 벌주를 내린다. 벌주는 반드시 선 채로 마셔야 한다.

민간에서도 이러한 활쏘기 대회가 자주 열렸다. 관리가 새로 부임하거나 송별할 때, 지체 높은 양반 회갑연 등등 무슨 일만 생기면 으레 끝에는 활쏘기 대회를 열고 잘하면 상을, 못하면 벌주를 내렸다. 활쏘기는 개인전이 많았으나 더러는 단체로 겨루기도 했다고 한다. 본래 활을 잘 쏘는 사람을 한량이라고 하였으나 나중에 기방을 자주 드나드는 풍류객으로 변질되었다.

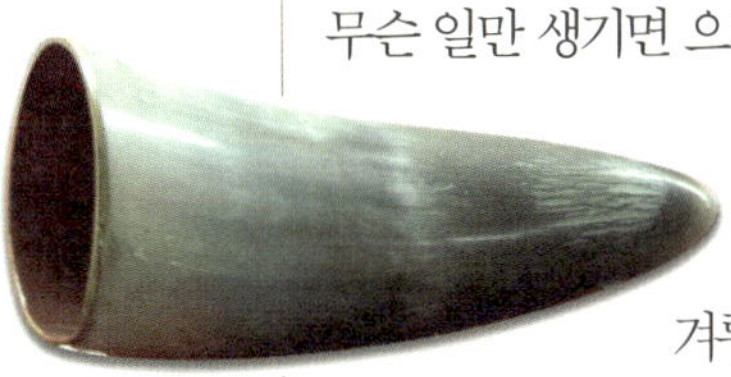

활쏘기에서 진 사람에게 벌주를 내릴 때 사용하던 벌주잔. (영집궁시박물관) (아래)
아래에 손잡이처럼 높은 굽이 달린 백자 마상배 (마사박물관) (위 왼쪽)
일반 잔처럼 생긴 마상배 (육군박물관) (위 오른쪽)

희한한 민간요법, 과연 효과는?

이번에는 믿기지 않을 듯한 이야기들을 짚어보자. 온양민속박물관의 한 코너에서 발견한 삼눈 치료법이라는 전시물. 경기도 반월의 한 민가의 벽을 뜯어다가 전시해 놓은 것인데, 아무리 봐도 요상하기만 했다. 이상스럽게 생긴 인물이 두 개 그려져 있는데, 그 아래에는 삼눈 치료를 원하는 사람의 글이 적혀 있다.

우선 삼눈이 뭘까? 삼눈은 눈에 핏발이 서는 것으로, 눈으로 통하는 신경세포가 이상이 생겨 발생한다. 일종의 결막염인데, 삼눈을 파내면 치료가 된다. 그런데, 이것을 저렇게 벽에 그려 넣어서 주문을 적어 놓으면 치료가 된다고 믿었던 것이다. 여기에서 삼눈을 잡는 방법으로 낫을 삼눈에 박는다고 쓰고 있다.

민가의 벽에 그려져 있던 삼눈 치료법. (온양민속박물관)

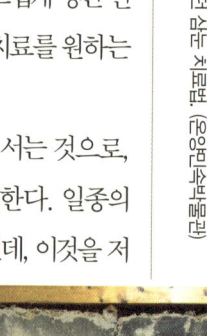

이러한 것들을 민간요법이라고 하는데, 과학적으로는 도무지 설명이

문에 걸어두고 나쁜 액이 들어오는 것을 막던 문액막이. (가회박물관)

되지 않는다. 또한 치료가 되었을까, 하는 생각도 들지만 오랜 옛날부터 내려오는 수법이니 아주 터무니없다고는 말하기 어렵다.

이에 못지않은 것이 문액막이라는 것이다. 가회박물관 문 안쪽에 주렁주렁 매달린 것들을 보고 도대체 저게 뭐지? 하는 생각이 들었는데, 설명을 보니 문에 들어오는 액을 막는 신앙물들이라는 거였다. 우선 금줄은 예로부터 사악한 것의 출입을 금한다는 것은 널리 알려진 것이고, 가시가 삐죽삐죽 나 있는 엄나무는 가시 때문에 나쁜 액이 얼씬거리지 않는다고 하고, 복숭아 나뭇가지는 예로부터 귀신을 쫓는다고 알려져 있으니 문액막이다. 호랑이뼈는 백수의 왕이라서 잡귀도 무섭다는 것이다.

그런데, 그 옆에 걸려 있는 기막힌 물건, 쇠코뚜레다. 쇠코뚜레는 소를 다루기 쉽게 하려고 소코를 뚫고 줄을 연결해 놓는 것인데, 대체 저것이 문에 들어오는 액을 어떻게 막는다는 것이지, 하는 생각이 들었다. 어이없게도 소를 잡아먹을 정도로 무서운 것이 이 문 안에 살고 있다는 뜻이란다. 이 쇠코뚜레는 어느 날인가 음식점 문 위에서도 보았는데, 주로 상인들이 문액막이로 사용했다고 해서 붙여 놓은 것이다.

한편, 태백석탄박물관에서 본 호식장은 더욱 기이했다. 험준한 산간 지역에는 옛날부터 호랑이에게 물려죽는 일이 흔했는데, 만약 그런 호환을 입으면 그 시신을 이용해 호환을 막고자 했단다. 그래서 우선 시신을 화장해 그 위에 돌무지를 쌓고, 시루를 덮어 놓은 다음 물레가락을 꽂는단다. 그러면 귀신을 가두어 호환을 막는다는 것이다. 시루를 덮어 놓는 것은 하늘을 뜻하고, 산 것을 죽인다는 의미이며, 물레가락을 꽂는 것은 그 안에 갇힌 창귀가 겉돌게 하여 빠져나오지 못하게 하기 위한 것이란다. 이를 호식장이라고 하고, 그 무덤을 호식총이라고 부른다고 설명되어 있다.

강원도 산간 지방에 내려오는 호식장. (태백석탄박물관)

부적이니 장승이니 솟대니 해서 이미 널리 알려진 수호신도 많지만 이렇게 우리 곁에는 작고 소소하면서도 우리를 지켜주던 묘물들이 많다. 이러한 것들을 모두 미신으로 몰아붙일 필요는 없을 것이다. 그것이 과학적으로는 아무런 효과가 없다고 해도 믿음의 힘을 발휘할 수 있게 해 주기 때문이다.

방상시탈과 십이지탈

이 해괴한 탈의 용도는?

탈의 발생을 따져 들어가 보면 재미있는 설에 도달한다. 탈이 '탈'을 막기 위해서 만들어졌다는 것이다. 그래서 이름도 탈이라고 했다는 것인데, 오래된 탈일수록 그것은 사실이다. 옛날에는 주로 벽사의 의미로 탈을 썼음이 처용탈이나 방상시탈로 증명이 된다.

장례식에서 사용되던 방상시탈. 방상시는 악귀를 쫓는 역할을 한다. (짚풀생활사박물관)

전에 탈에 관한 책을 낸 적이 있는데, 어처구니없는 일이 있었다. 우리나라 최초의 탈을 소개하려고 자료를 찾다보니 신라 호우총에서 발굴된 방상시탈로 추정되는 게 있었다. 호우총은 앞에서도 소개한 바 있지만 1946년 우리나라 사람들이 처음으로 발굴한 고분이다. 고구려 광개토대왕의 공적을 기념하는 호우라는 청동 그릇이 출토되어 호우총이라고 부른다. 여기에서 유리로 된 두 개의 눈알이 박힌 넓적한 것이 발굴되었으며, 당시 발굴에 참여했던 분들은 그것이 바로 옛 방상시탈로 생각했던 것이다. 유물 복원 기술이 발달하면서 몇 년 전에야 그것이 화살을 담는 전통이 일그러진 것으로 밝혀진 바 있다.

풍년을 기원하기 위해 정월에 쓰고 놀던 십이지탈 소탈. (짚풀생활사박물관)

방상시탈은 보기만 해도 으스스하다. 마치 해골 같은 얼굴에 커다란 눈이 네 개 달려있다. 이 방상시탈은 장례식에 사용된 탈로 상여 앞에 세워두는데, 혹시 모를 잡귀들을 물리치기 위한 역할을 한다. 곧 벽사의 의미를 담고 있는 탈인 것이다. 구한말 서양인들이 찍은 조선 풍경 중에는 커다란 방상시탈을 태운 수레를 앞세운 장례 행렬도 남아 있다.

한편 방상시를 탈이 아니라 형상만 그려 커다란 나무에 붙여 들고 가기도 한다. 이때 장례 행렬에는 비슷한 게 또 있는데, 운삽과 아삽이라는 것이다. 구름을 그려 넣은 것은 운삽, 아(亞) 자를 써 넣은 것은 아삽으로, 상여가 나갈 때 좌우에 액운과 악귀를 막고 퇴치한다는 의미를 지닌다. 방상시와 비슷한 역할이다.

본래 방상시탈은 옛날 궁중에서 악귀를 쫓는 의식인 나례식에서 사용되었으며, 왕의 행차나 사신의 접대 전에도 의식을 베풀어 나쁜 일을 막고자 했다고 한다. 〈문헌비고〉

십이지탈 중 쥐탈. (짚풀생활사박물관)

에는 방상시는 황금 눈이 네 개며 곰 가죽을 쓰고 있고 붉은 옷에 검은 치마를 입었으며 창과 방패를 들고 있다고 나온다.

그런데, 이런 방상시는 어디에서 유래된 것일까. 우선 죽는다는 걸 한 번 생각해 보자. 죽어서 땅에 묻힌다고 생각해 보면 좀 무섭지 않을까. 고대인들은 더 그런 생각을 했는데, 그래서 짚으로 인형을 만들어서 함께 묻었으며, 이것을 추령이라고 했다. 망자에게 위로가 되라는 의미다. 이 추령이 방상시탈로 발전했다는 설이 있다.

어쨌든 장례식에 사용되던 방상시탈은 대개 무덤에 시

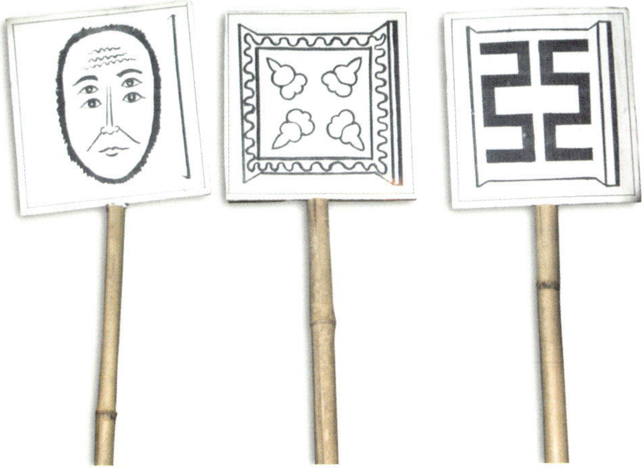

장례 행렬에 사용되던 방상시삽과 운삽, 아삽. (안동민속박물관)

방상시는 목각으로도 만들어 상여에 부착했다. (목인박물관)

신을 넣은 뒤에는 태워서 없애는데, 이것은 탈에 달라붙어 있을지 모를 사악한 것들을 모두 태워버린다는 의미이다. 그래서 방상시탈이 전래되는 경우는 흔치 않지만 창덕궁에서 발견된 방상시탈은 중요민속자료 제16호로 지정되어 국립중앙박물관에 소장되어 있다.

탈은 우리의 고유한 전통문화로서 지역마다 독특한 것들이 전래된다. 그중 유명한 것이 안동 하회탈, 양주 별산대놀이 탈과 북청 사자놀음 사자탈, 동래 말뚝이, 고성 오광대, 은율 탈 등등으로 대부분이 중요무형문화재로 지정되어 있다.

그런데, 공주민속극박물관에서 발견한 짚으로 된 띠탈은 의외였다. 띠탈은 그 해에 맞는 것을 정월 때 쓰고 노는데, 다름이 아니라 풍년을 기원하는 의미로 사용했다. 이것을 작품으로 형상화한 분이 계시니 곡성 출신의 임채지 옹이다. 짚으로 하는 거라면 뭐든지 만드는 임채지 씨는 흥부와 놀부, 변강쇠와 같은 옛 이야기 주인공까지도 짚으로 꾸며내는데, 가장 유명한 작품은 뭐니 뭐니 해도 열두 띠탈이다. 십이지탈이라고 해서 전시회도 많이 열었고, 일본에도 초빙되는 등 해외 전시까지 하신 분이다.

살판과 일본 순사를 상여에 장식한 이유는?

옛날에도 인형이 있었을까? 물론 있었다. 풀각시는 풀로 만든 인형으로 옛날 아이들이 많이 갖고 놀았다. 그러나 이외에 인형이란 주로 주술적인 목적으로 만들어졌으니 제웅이 유명하다. 정월 대보름날 전날 밤에 엽전과 짚으로 제웅을 만들어 액년을 당하는 사람의 성명과 생년월의 간지를 적어서 바깥에 버리면 액운이 다른 곳으로 옮겨간다고 했다. 이 제웅이 신라 때 처용에서 유래한다는 설이 지배적이다.

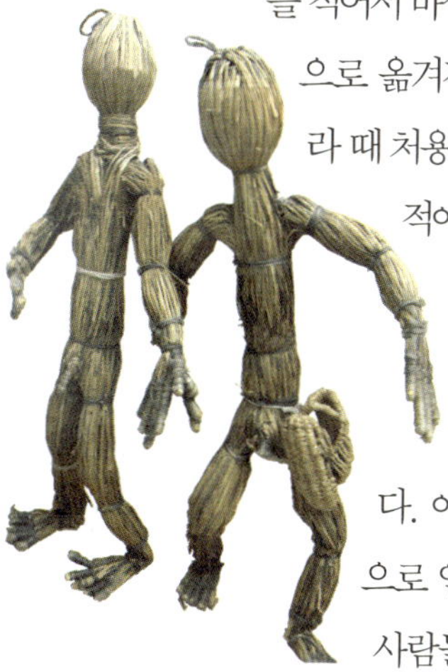

한해의 액운을 다른 곳으로 보낸다는 의미를 지닌 제웅. (짚풀생활사박물관)

인형은 이밖에도 유랑극단이 갖고 다니면서 공연하던 꼭두각시들이 있었다. 이는 사람이 조정을 하는 것으로 인형극이 벌어질 때는 동네 사람들이 모두 와서 구경을 하였다. 내용은 대개 권선징악, 즉 선한 것을 장려하고 나쁜 것을 멀리하라는 교훈적인 내용인데, 더러는 양반들을 조롱하는 내용을 담기도 했다.

이런 인형 말고 대개의 인형들은 신당에 신으로 모셔진 것이거나 상여에 장식하던 목인들이었다. 이중에서도 가장 흥미진진한 것이 바로 상여에 쓰이던 목인들이다. 저승사자부터 악기를 연주하는 악공에, 재주를 넘는 남사당패, 호랑이와 같은 동물은 물론 심청과 춘향이, 이몽룡과 같은 고대소설 주인공도 있고, 개화기 때 인물과 심지어는 일본 순사도 등장한다. 도대체 상여에 그런 목인들을 장식한 이유는 뭘까?

긴 칼을 옆에 찬 일본 순사 목인.

일단 망자를 위로하는 성격이 짙다. 저승길도 즐겁게 가라는 뜻인 것이다. 그래서 죽은 사람의 당시대 사회상을 담은 목인들을 상여에 장식하였던 것이다. 물론 목인들을 통해서 시대상을 엿볼 수 있는 것은 그 때문이다.

저승사자 목인.

한편, 목인과 함께 사용되는 것이 용수판이다. 상여 맨 앞부분에 부착하던 것인데, 용수란 용머리라는 뜻으로 역시 잡귀를 쫓는다는 의미를 지닌다. 또한 망자가 용을 타고 하

막 재주를 넘고 있는 남사당패 살판 목인. 상여에 장식해 망자를 위로하고자 한 것이다. (목인박물관)

늘로 올라가라는 뜻도 담겨 있다. 그러나 용수판에는 꼭 용머리만 새긴 것이 아니어서 마치 코믹한 만화 같은 것도 꽤 전래된다.

목인박물관에서 처음 목인들을 만났을 때에는 도대체 왜? 라는 의문만 들었던 것이 사실이다. 그때 특히 살판 목인은 놀라움을 주기에 충분했다. 살판이란 지난날 남사당패에서 땅재주를 넘는 것을 가리키는데, 이 목인은 막 재주를 넘으려는 자세다. 전방을 주시한 눈에는 긴장감이 팽배하다. 잘 넘으면 살판이요, 못 넘으면 죽을 판이니 그런가 보다. 곧 즐겁다, 흥겹다는 뜻의 살판났다는 말은 바로 남사당패 땅재주꾼의 살판에서 유래한다. 상여에 장식한 살판 목인은 참으로 아이러니 아닌가. 죽은 자를 위한 살판이니 말이다.

목인은 순우리말로는 꼭두라고 부른다. 꼭두각시는 그러니까 각시목인, 각시인형이란 뜻이다. 인사동 목인박물관은 물론 대학로 동숭아트센터 내에 있는 꼭두박물관에서도 다양한 꼭두, 즉 목인들을 관람할 수 있다.

만화의 한 장면을 그린 것 같은 용수판. 용수판은 상여 맨 앞을 장식하던 것이다.

공 같지 않은 이상한 축구공들

개화기 때에는 많은 서양 문물이 밀물처럼 들어왔다. 대부분 우리네 생활을 확 바꾼 것들인데, 그중에는 축구공도 있었다. 축구공이 처음 들어온 것은 1882년 6월 무렵이다. 영국 군함 플라잉후이스 호의 승무원과 군인들이 인천에 상륙하여 공을 차고 논 것이 처음인데, 이때 공을 우리나라 사람들에게 주고 갔다고 한다.

이후 우리나라에서도 축구가 시작되었으나 공이 워낙 귀해 대신 차던 것이 바로 돼지오줌보로 만든 공이다. 돼지오줌보는 상당히 질겨서 하루 종일 차고 놀아도 괜찮았다고. 특히 옛날에는 겨울철에 논바닥이 얼면 그 위에서 축구를 많이 했단다.

돼지오줌보는 돼지를 잡을 일이 없으면 구하기 어려운 법. 그래서 만들어진 게 짚으로 만든 짚공이다. 짚공은 상당히 딱딱해서 헤딩

짚으로 만든 축구공.

가죽공이 귀하던 옛날에는 돼지오줌보로 공을 만들어서 찼다. (2002월드컵기념관)

하려면 곤욕을 치렀을 성싶다.

그런데, 놀라운 사실은 이 돼지오줌보 공이 고대에도 우리 민족이 차고 놀았던 것이라는 게다. 옛날에는 축국이라고 불렀는데, 이때 차던 공은 바로 돼지오줌보 또는 소오줌보로 만들거나 동물 가죽에 동물의 털을 넣어 둥글게 만들었다는 것이다. 〈삼국사기〉와 〈삼국유사〉에도 김유신과 김춘추가 축국을 잘했다는 기록이 나오는 것을 보면 삼국 시대에 이미 축국이 꽤 성행했음을 짐작할 수 있다.

물론 그때의 축국은 중국에서 유래한 것으로 중국에서는 옛날 황제라는 임금이 병사들의 놀이로 개발했다고 전한다. 훗날 왕운정이 지은 〈축국도보〉에는 규칙까지도 전해지며, 이 규칙에 의하면 제기차기와도 비슷한 면을 보여준다. 당나라 때에는 골문을 세우고 공을 찼다는 기록도 있다. 그러나 우리나라는 처음에 전래된 것과는 다르게 제기차기로 변해가서 〈동국세시기〉에는 '젊은이들이 축국 놀이를 하는데, 공은 대포알만하고 위쪽에 꿩 털을 꽂았다. 두 사람이 마주 서서 번갈아 차는데 땅에 떨어뜨리지 않아야 잘한다고 했다. 겨울부터 시작하여 설날에 많이 한다.'는 기록이 보인다.

그럼 서양에서 축구는 언제부터 시작했을까? 기원전 7~6세기경 고대 그리스에서 에피스키로스라는 공을 찼다는 기록이 있다. 고대 로마는 특히 축구와 비슷한 하르파스툼 경기를 즐겼으며, 이것을 영국에 전하였다고. 기록으로 남아 있는 최초의 축구 경기는 결국 영국에서 벌어졌는데, 217년 성령강림절의 화요일에 열렸다고 한다. 이 경기는 로마의 공격을 막아낸 것을 기념하는 것이었다고. 1175년에 이르러 축구 경기가 연례행사로 열렸다.

그러나 오늘날과 같은 축구는 1800년대 영국에서 유행했고, 당시에는 특별한 규정이 있는 것이 아니어서 그런 규칙과 규정을 정립해 정식으로 축구라는 경기를 시작한 것은 1863년부터라고 한다.

한편, 축구공은 오각형과 육각형을 이어 붙여 만든 것인데, 한때 육각형은 육대주, 오각형은 오대양을 뜻해 축구가 지구를 상징한다고도 했다. 하지만 아무런 근거는 없다.

2002년 한일월드컵 공인구 피버노바. 열정과 별이라는 뜻이다.

마마를 잡은 작은 기계

지금은 사라진 전염병 중에 천연두라는 것이 있었다. 두창이라고도 하는 이 질병은 1979년 소말리아의 마지막 환자를 끝으로 세계보건기구(WHO)가 공식적으로 박멸한 것으로 선언한 바이러스 전염병이다. 이 천연두는 발열, 수포, 농포성의 병적인 피부 변화를 특징으로 하는 급성 질환으로, 한때 전 세계 사망자의 10%까지 차지할 정도로 치사율이 높았다.

천연두는 19세기 제너가 종두법을 발견한 뒤 사라지기 시작해 지구상에서 완전히 사라졌는데, 우리나라에 종두법이 들어온 것은 지석영에 의해서였다. 1876년 수신사 김홍집을 따라 일본에 갔다가 종두법을 접한 지석영은 1879년 부산의 제생의원에서 종두법을 배우고 그 해 겨울 처가가 있는

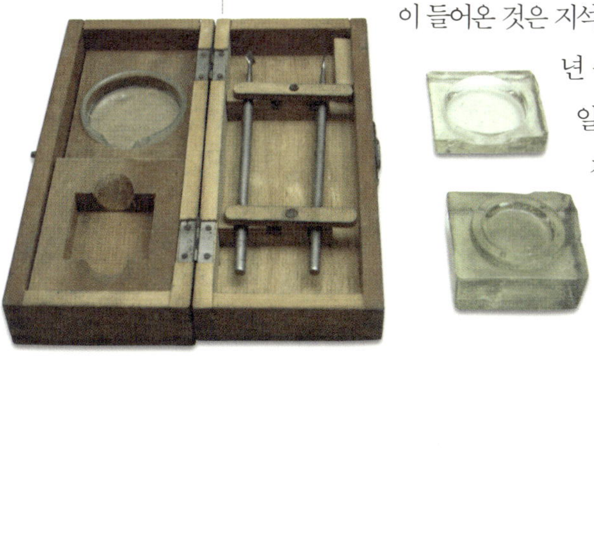

지석영이 사용하던 종두기계. (서울대병원 의학박물관)

충주 덕산면에서 우리나라에서는 최초로 종두를 실시했다.

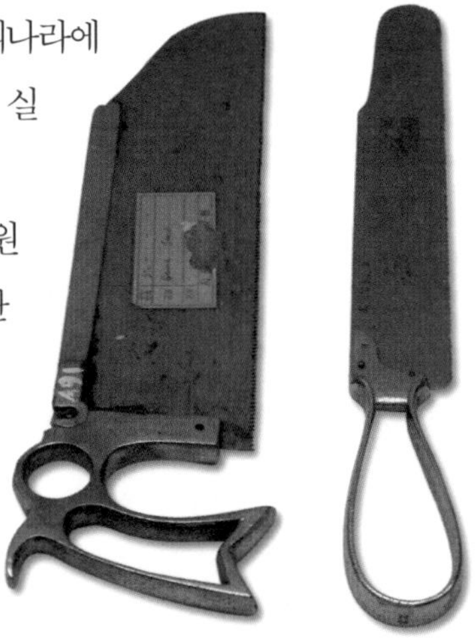

1970년대 정형외과에서 사용하던 뼈절단톱. 왠지 무시무시하다.

서울대학교병원 내에 있는 의학박물관에는 지석영이 쓰던 종두기계가 전시되어 있어 관심을 끈다. 종두기계와 함께 청진기도 나란히 전시되어 있는데, 청진기의 발명이 흥미롭다. 청진기는 프랑스 의학자 라에네크가 발명했는데, 1816년 어린이들의 놀이에서 힌트를 얻었단다. 종이로 만든 통을 귀에 대고 작은 소리도 듣는 것을 청진에 이용했더니 몸속의 장기의 상태를 잘 알 수가 있었던 것. 그래서 3년 뒤 청진기를 발명할 수 있었단다.

그런데, 이 종두법이라는 것이 희한하다. 일부러 두창에 걸리게 하는 것이다. 이때 사용하는 것이 소의 두창, 즉 우두인데, 우두를 맞으면 그 자리만 두창이 발생했다가 경미하게 흠집을 남긴 뒤에 물러간다. 곧 약한 두창으로 면역을 갖게 하는 것이 종두법이다. 요즘 아이들은 없지만 웬만한 나이라면 어깨에 우두를 맞은 흔적이 있다. 나이 많은 사람 중에는 얼굴이 얽은 사람이 더러 있는데, 바로 두창을 앓은 흔적이다.

천연두는 두창이라고도 했지만 사람에게는 반드시 찾아온다고 해서 손님 또는 마마라고도 불렀다. 한번 걸리면 대략 사망률은 30%에 이르렀고, 출혈까지 동반되면 100% 사망했던 무시무시한 손님이었다. 한의사들의 주장에 의하면 옛날 우리나라 사람의 사망의 50%가 마마에 걸렸기 때문이라고도 할 정도이다.

옛날에도 콜레라나 이질, 성병, 장티푸스와 같은 고약한 전염병이 나돌았지만 그중 가장 무서운 것이 바로 마마였다. 일반 백성은 물론 왕들도 꽤 시달림을 받아서 선조는 아들과 손자, 숙종은 왕비 인경왕후를 잃었으며, 숙종 자신도 두창을 앓았다. 영조 역시 보위에 오르기 전에 두창을 앓았다고 한다. 두창이 호랑이보다 무섭다고 해서 '마마신'으로까지 불렸다.

마마를 잡는 기계인 종두기계야말로 개화기 때 들어온 의료기기 중에는 최고가 아닐까. 우리의 생활을 확 바꿔놓았으니 말이다. 한 가지 흥미로운 이야기로는 천연두가 잉카나 마야문명의 갑작스런 멸망과도 관련이 있다는 것이다. 본래 아메리카 대륙에는 천연두가 없었는데, 1492년 콜럼

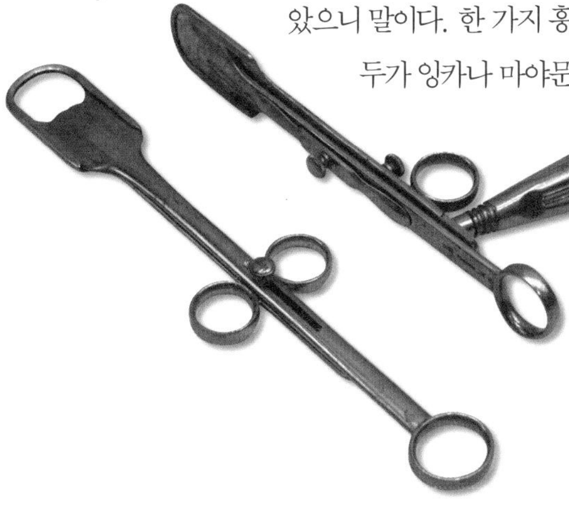

기요틴이라는 무서운 이름이 붙은 의료기기. 본래 기요틴은 사형도구인 단두대를 말한다. 프랑스 대혁명 때 프랑스의 의료기기 해부학자인 기요탱이 사형 시 고통을 줄여줄 수 있다는 것으로 추천해 사용되었다고 한다.

부스가 신대륙을 발견 한 뒤에 유입되었단 다. 남아메리카 문 명은 유럽 제국주의 와 전쟁으로 망한 것 이 분명하나 그래도 흔적조차 없이 모두 사 라진 것은 천연두 때문이라고 주 장하는 학자도 꽤 된다.

옛날 의사들이 들고 다니던 왕진가방.

사라진 전염병도 꽤 있지만 그에 버금가게 새로 등장한 전염병도 부지기수이다. 최근 몇 십 년만 해도 후천성 면역결핍증인 에이즈에 조류독감, 광우병, 신종 플루 등등 듣기만 해도 무시무시한 전염병이 생겨난 것이다. 에이즈나 신종 플루는 제약 회사에서 지나치게 부풀렸다는 의혹도 있긴 하다.

최근 생화학 테러 무기로 병균들이 이용되는 경향이 있어, 두창 바이러스도 무시할 수 없는 상황이 되었다. 그래서 현재 각국에서는 이를 퇴치할 수 있는 면역체를 확보하는 것이 관심사가 되기도 했다.

새로운 세상에 불을 댕긴 묘물

성냥 하면 아주 하찮은 물건이다. 그러나 개화기 시절이라면 상황은 달라진다. 아궁이에 불씨가 꺼지면 쫓겨나던 시절, 담뱃불을 붙이기 위해 부싯돌을 쳐야 하던 그때 성냥을 꺼내 칙, 하고 불을 붙이면 얼마나 편리했는지는 직접 겪지 않아도 훤하다. 그래서 필자는 성냥이야말로 새로운 세상에 불을 붙인 묘물이라는 생각이다.

성냥은 영국의 워커라는 사람이 1827년에 고안했다고 알려져 있다. 우리나라는 개화기 때인 1880년 이동인이 수신사 김홍집을 따라갔다가 처음으로 들여왔다고 하나, 이것이 대중화되기까지는 시간이 많이 걸려 1910년부터 시작된 일제강점기 이후이다.

1917년 10월부터 생산된 조선성냥. 당시에 쌀 한 되에 해당하는 값을 받고 팔았다. (인천시립박물관)

성냥하면 인천이 유명해서 1917년 10월 조선인촌이라는 회사가 설립되었다. 이 회사는 일본인이 세운 것으로 중국에 수출도 많이 했다고 한다. 그 뒤에 군산과 부산, 영등포 등지에 성냥공장이 속속 들어서 전국적으로 성냥이 널리 보급되었다. 참고로 성냥은 중국식으로 표시하면 '석류황'인데, 이것을 빨리 읽은 것이 바로 성냥이 되었다고 전해진다.

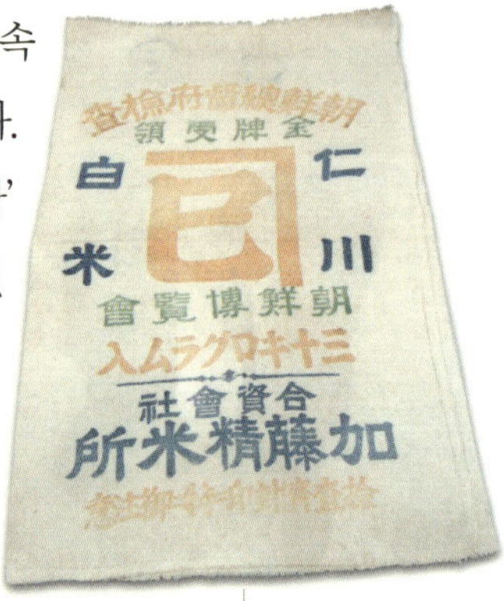

인천가등정미소의 30kg들이 백미포대. 조선인 노동자를 값싼 임금을 주고 부려먹었던 정미소란다.

인천시립박물관에는 옛날 성냥 몇 갑이 전시되어 있는데, 그 성냥을 보노라니 예비군 시절이 떠올랐다. 무슨 얘기냐 하면 예비군 훈련을 받다가 잠깐 장기 자랑이 벌어졌는데, 누군가가 인천성냥 노래를 어찌나 희한하게 부르던지 말이다. 당시 만담가 남보원이 부르기도 한 인천성냥이라는 노래는 여기에 차마 담지 못할 내용도 있는데, 약간 소개해 보면 다음과 같다.

인천의 성냥공장 성냥공장 아가씨
하루에도 한 갑 두 갑 일 년에 열두 갑
치마 밑에 감추고서 정문을 나설 때
치마 밑에 불이 붙어…

그런데, 왜 하필 성냥을 훔쳤을까. 그 값싼 것을 말이다. 허나 내막을 알아보니 당연히 욕심이 날 물건이었다. 당시에 성냥 한 통은 쌀 한 되에 해당했던 것이다. 한 되면 약 1.8리터로 요즘으로 치

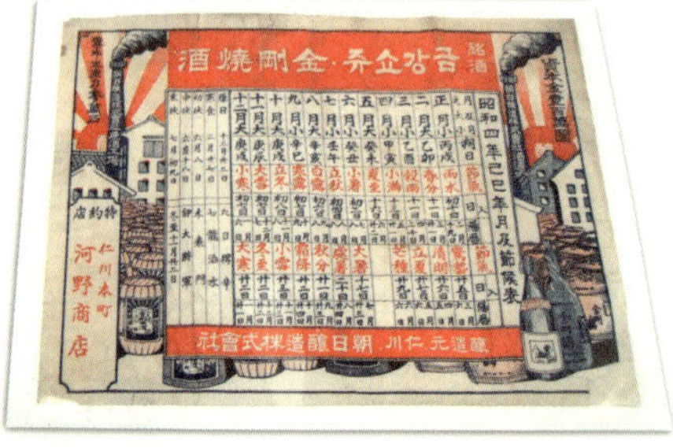

절기표를 부착한 금강소주 광고.

옛 개화기 거리를 재현한 모습. 금파가를 재현해놓았다.

면 3~4천 원쯤이나 되었다. 그리고 왜 성냥이 저절로 불이 난 걸까? 이 역시 당시 성냥은 마찰만 되면 발화를 했기에 가능한 것이다. 노래는 매우 외설스러워 흔히 군대 가요로 통하는데, 내용이 전혀 터무니없는 것만은 아닌 것이다.

양조장 선전 포스터.

특히 이 노래에는 당시의 아픔이 고스란히 배어 있다. 가난했기에 성냥이라도 몰래 훔쳐 가족들의 생계를 도우려고 했음이다.

인천시립박물관은 개화기박물관이라고 해도 충분하다. 당시 유명한 금파가 거리가 재현되어 있으며, 양조공장 포스터라든지, 각종 개화기 때의 사진도 많다. 또한 인천에 속속 세워졌던 개화기 때의 서양식 건물도 살펴볼 수 있는 전시물도 꽤 많은 편이다.

박가분 하나 못 사주면 능력 없는 남자

개화기 때 들어온 것 중 하나가 여성들 화장품이다. 우리나라 최초의 화장품은 박가분으로 현재 두산그룹의 모체인 박승직상점에서 개발, 판매한 것이다. 1916년에 개발해, 1920년부터는 상표를 등록해 팔았다. 박가분이라는 명칭은 곧 박씨네 분이라는 뜻이다.

그런데, 당시 이것을 개발한 이야기가 전해진다. 박승직의 부인인 정정숙이 어느 날 입점동에 갔는데, 한 노파가

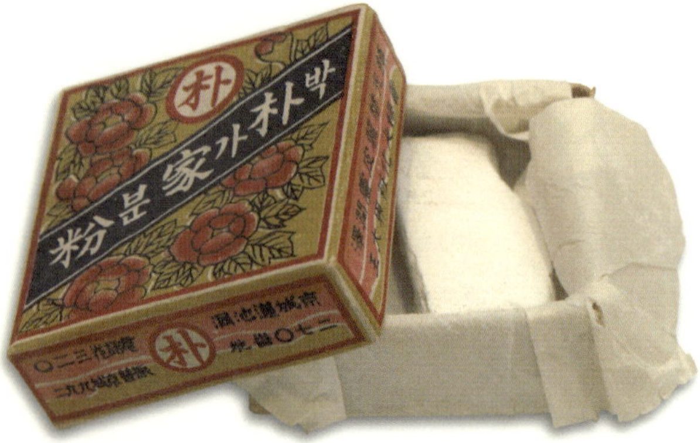

우리나라 첫 화장품인 박가분. (코리아나화장박물관)

일제강점기 때의 화장품들.

직접 만든 백분을 팔고 있었다. 그것을 보니 부업으로 괜찮겠다는 생각이 든 정정숙은 박승직과 상의한 뒤 만든 것이 바로 박가분이다.

당시에 분은 부착력을 좋게 하기 위해 약간의 납을 섞었는데, 워낙 인기가 좋아 박승직상점 앞에는 박가분을 가져다 팔려는 방물장수들이 몰려들곤 했단다. 가격은 1갑에 50전으로 저렴해(오늘날 기준으로 약 5천 원 구매가) 한창 때에는 하루에 1만 개나 팔았다고 한다.

당시 인기의 비결은 포장 방식 때문이었다. 이전의 백분은 골패 짝 같이 작게 만들어 백지에 싸서 팔았으나 박가분은 두껍게 만들었으며, 인쇄한 통에 넣어 훨씬 더 가치가 있어 보였던 것이다. 그래서 애인에게 박가분 하나 사주지 못하는 남자는 능력이 없는 남자로도 통했다.

1930년대에는 서가분과 장가분이 등장했으며, 왜분과 청분까지 들어와 경쟁이 치열했다. 피부가 하얗게 된다고 해서 당시 여성들에게 큰 인기를 끌었으나 납 성분이 문제가 되어 한 여성이 납 중독을 당했다며 고소한 일이 발생했다. 이후 생산 방식을 바꾸었다가 1937년경에 문을 닫기에 이르렀다. 그 뒤로 제품에 납이 들어가지 않았다는 광고를 하는 여타 화장품들이 등장했다.

특히 박가분을 대신한 것은 동동구리무였다. 필요한 만큼 용기에 덜어 살 수 있었던 동동구리무는 해방 전까지 여성들의 사랑을 한 몸에 받았다. 그런데, 대체 동동구리무란 무슨 뜻일까. 당시에 이 화장품을 팔던 이들은 러시아 상인들이었는데, 그들은 북을 두 번 친 뒤, 크림의 일본말인 '구

1930년대에는 서가분과 장가분이 나타났고 볼터치용 화장품도 많아졌다.

대한제국 황실 문양인 오얏꽃을 양각한 은분합.

리무'를 외쳤다고 해서 동동구리무라고 했단다.

이후 해방과 한국전쟁으로 다시 화장품은 외제 것이 들어왔으니 가장 유명했던 것이 코티분이다. 쌀 세 말 값인 7백 원이나 하는 이 코티분은 특히 양공주들이 즐겨 했으나 서양식 크림이니 잘 맞지 않아 어색한 모습을 피할 길이 없었단다. 하지만 코티분의 인기는 꽤나 많아 가짜도 많이 유통되었다. 진짜보다 가짜가 훨씬 많아지자 1961년 5.16혁명 정부가 들어선 뒤에는 특정왜래품 판매금지법을 제정하기도 했다.

코리아나화장박물관에는 박가분이 있는데, 당시 신문 광고도 부착하여 인기를 실감하게 한다. '부인화장계의 패왕', '조선 사람은 조선 것을 아무쪼록 많이 씁시다'라는 광고가 그것이다.

세상은 요지경이다

요즘은 3D 시대라고 한다. 영화도, 텔레비전도 이젠 입체적으로 보는 시대가 된 것이다. 이 원리는 양쪽 눈 사이의 간격, 그러니까 대략 5~7cm 정도 떨어져 있어서 생기는 차이를 이용한 것인데, 영화의 경우 두 대의 카메라로 각도를 달리 하면서 찍는단다.

이것은 입체경과 비슷한 원리다. 입체경이란 서로 각도를 약간 달리 하여 찍은 사진을 양쪽 눈을 통해 보면 마치 두 장이 연결되어 입체적으로 보이는 것이다. 이런 원리로 사물을 입체로 볼 수 있다는 사실은 1831년 영국의 발명가인 휘트스톤이 발명했으며, 당시 이를 찍을 수 있는 입체 카메

개화기 때의 입체경. 돈 내고 구경하던 요물단지다. (서울역사박물관)

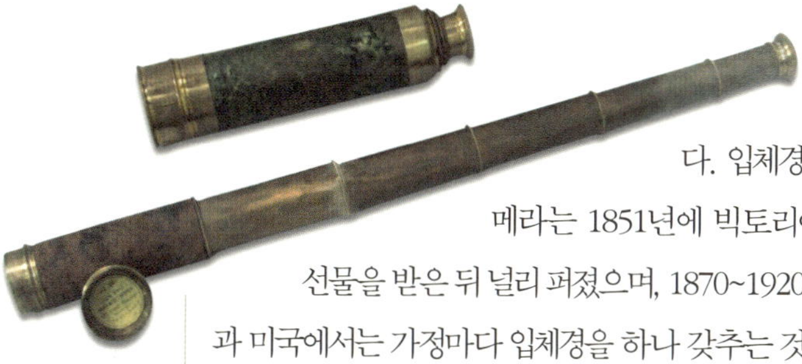

망원경은 천리경 또는 만리경이라고 했으며, 1631년 정두원이 명나라에서 포르투갈 선교사로부터 얻어온 것이 효시다. 사진은 1910년대 망원경. (인천시립박물관)

라도 개발 되었다. 입체경과 입체카메라는 1851년에 빅토리아 여왕이 선물을 받은 뒤 널리 퍼졌으며, 1870~1920년대 유럽과 미국에서는 가정마다 입체경을 하나 갖추는 것이 꿈이었단다. 에디슨이 입체경을 거리에 설치해 돈을 벌었다는 이야기도 있을 정도로 당대에는 인기가 상당했다. 이것이 개화기 때 우리나라에 들어왔는데, 역시 인기를 끌어서 어른이건 아이건 입체경 장수가 왔다면 몰려들어 구경을 하곤 했다.

한편, 요지경이라는 것도 들어봤을 것이다. 이는 마치 주마등과 비슷한 원리로 만든 것으로 회전이 되는 원통 안에 종이 그림들을 넣고 통을 회전시키면 마치 종이 그림들이 활동 사진처럼 움직여 재미있는 그림이 연출되곤 했다. 이것은 활동요지경 또는 본래의 용어인 조이트로프라고 하며, 1930년대에 많았다. 하도 그림이 알쏭달쏭하여 세상은 요지경이라는 말이 여기에서 나왔다.

그러면 안경은 언제쯤 들어왔을까? 언뜻 생각하기에는 안경도 개화기 때 들어왔을 것 같지만 이보다 훨씬 오랜 옛날에 들어왔으니 적어도 고려 말에는 들어왔을 것으로 여겨진다. 그러나 이것을 실제 사용하게 된 것은 16세기 이후부터이며, 특히 조선말에 이르러서는 왕도 안경을 낄 정도로 필수품이 되었다.

환등기와 사진기. (인천시립박물관)

정조는 역대 임금 중 최초로 안경을 착용한 왕인데, 젊은 시절부터 책을 많이 읽어 눈이 나빠졌다고 전한다. 문제는 대신들과 회의를 할 때 안경을 끼어야 할 지 벗어야 할 지 고민이었다. 아무리 왕이라고는 해도 대신들은 나이가 많은 사람들이니 안경을 끼고 정사를 보는 것이 마뜩하지 않았던 것이다. 그것이 「정조실록」에 다음과 같이 나온다.

'몇 년 전부터 점점 눈이 어두워지더니 올봄 이후로는 더욱 심하여 글자의 모양을 분명하게 볼 수가 없다. 정사의 의망에 대해 낙점을 하는 것도 눈을 매우 피로하게 하는 일인데, 안경을 끼고 조정에 나가면 보는 사람들이 놀랄 것이니, 6월에 있을 몸소 하는 정사도 시행하기가 어렵겠다.'

안경은 옛날에 부의 상징이었다. 그만큼 귀했기 때문인데, 오늘날에는 안경도 더러 남아 있지만 고급 안경집이 상당히 많이 전래되고 있는 것을 보면 알 수가 있다. 안경집은 거북이 등껍질로 만든 것을 최고로 쳤으며, 비단에 수를 놓은 것을 허리춤에 차고 다니는 것이 멋을 부리는 방법이기도 했다.

재미있는 것은 당시 군인들도 바람막이용 안경을 끼었다는 것. 바람을 막는 안경이라고 해서 풍안경이라고 했는데, 조선 후기 실학자인 이덕무(1741~1793)가 쓴 「입연기」에 처음으로 나온다. 이 책에서 이덕무는 먼 길을 떠나는 자신에게 장인이 베로 만든 적삼과 바지 두 벌 그리고 풍안경 하나를 주었다고 기록하고 있다. 이 풍안경은 군인들이 말을 타고 달릴 때 또는 흙먼지가 나는 전쟁터에서 썼으니 오늘날의 고글과도 같은 효과가 있었다.

그러면 망원경은 언제쯤 들어왔을까? 옛날에는 망원경을 천리경 또는 만리경이라고 불렀는데, 1631년 명나라에 사신으로 갔던 정두원(1581~?)이 포르투갈 출신의 선교사 호드리게스로부터 얻어온 것이 처음이었다. 그때 함께 들어온 것으로 한문 번역된 서양서 및 천문도와 세계지도였고, 물품으로는 자명종, 소총과 화약통 등이었다. 망원경은 네덜란드의 한 안경 제조자가 1608년에 발명했다는데, 겨우 23년 만에 우리나라에까지 들어왔음을 알 수 있다.

옛 사진기들. (서울역사박물관)

밤을 길게 한 문명의 이기, 전기

전기만큼 우리네 생활을 바꾼 것도 없을 것이다. 우리나라에는 전기가 비교적 일찍 들어온 편인데, 에디슨이 전구를 발명한 지 8년만인 1887년 3월 6일이다. 그 날 오후 경복궁 내 건천궁 전각에 발전기 2kW 2대, 100촉광 서치라이트 2개를 설치해 첫 점등되었으며, 이를 보러 많은 사람들이 몰려들었단다.

전기가 돌아가는 동안 발전기 소리가 위잉, 하고 유난히 시끄러워 사람들은 도깨비불이라고도 했으며, 발전기를 식히려고 연못을 사용해 물이 데워지는 바람에 물고기가 떼죽음 당하기도 했단다. 당시에 자주 고장이 나 이를 고치는데 돈이 상당히 들었으며, 그래서 건달 같다고 해서 건달불이라고도 했다.

에디슨이 발명한 전구. 무려 1천 번이나 실험한 끝에 필라멘트로 촉을 만들어 성공했다고 알려져 있다. (전기박물관)

이후 이듬해에 우리나라 최초로

1897년 3월 6일 건청궁 뜨락에 국내에서는 처음으로 전등이 밝혀졌다. (전기박물관)

전기회사가 세워졌으니 현재 한전의 전신인 한성전기주식회사가 그것이다. 이 회사는 1900년에 종로에 전등 세 개를 설치해 최초로 민간사업을 시행하였으며, 설치비용은 개 당 5원이었다. 전등 요금은 8촉광 1개 1원 30전, 10촉광은 1원 60전, 50촉광은 6원, 150촉광은 12원이었다.

전기로 인하여 들어온 또 하나의 명물은 전차다. 필자도 대여섯 살 때 용산에서 전차를 타본 바 있는데, 내려서 뛰어가도 충분히 따라잡을 만큼 느렸던 기억이 있다. 이 전차가 처음 운행된 것은 1899년 5월이다. 경인선 기차가 9월 18일 개통되었으니 전차가 몇 개월 빠르다. 기차는 우레와 같은 소리를 내면서 달린다고 해서 화륜거라고 했고, <독립신문>에 첫 시승기가 실려 있다. 아무튼 전차는 개통 당시 40인승 8대와 황실전용으로 1대를 운행했는데, 전차가

전차는 1999년 5월에 처음 운행되었다. (국립민속박물관)

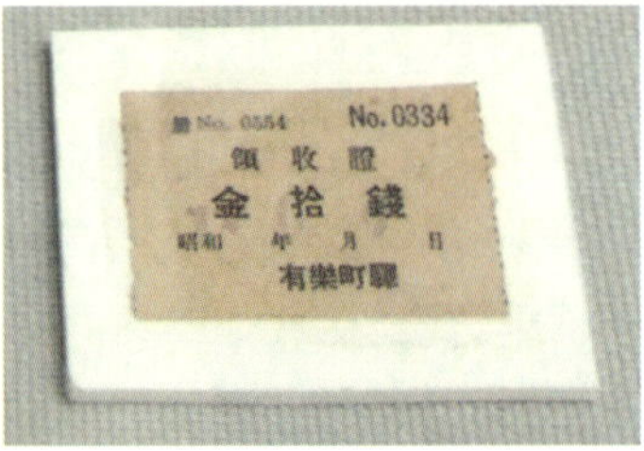

1936년 전차표. (인천시립박물관)

개통되자 이 희한한 것을 보기 위해 시골에서도 상경하는 등 일대가 북새통이 되곤 했다고 한다.

그런데, 이 느릿느릿한 전차에도 사고가 발생했으니 개통된 지 얼마 안 되어 파고다공원에서 한 어린이가 치어 죽었다. 이 사고로 안 그래도 서양 문물을 달갑지 않게 여기던 사람들이 폭동을 일으켜 전차를 부수는 바람에 잠시 운행이 중지되기도 했다.

전차는 이후 1968년 11월 30일까지 운행되었다. 당시까지만 해도 전차는 매우 유용한 교통 수단이었는데, 자가용과 버스가 늘어나면서 거추장스럽다고 해서 없앴다는 것

텔레비전은 1957년부터 방송되었다.
당시에 들어온 일본 텔레비전. (전기박물관)

이다. 보나마나 높으신 분들이 결정한 것으로, 서울의 명물이 사라져 매우 아쉬운 일이다. 대신에 전차와 같은 대중 교통 수단을 다시 강구하니 그것이 바로 1974년 개통된 지하철이다.

한편, 라디오는 1927년 2월 16일 경성방송국이 개국하면서 처음 방송되었으니 세계 6번째이며, 텔레비전은 1956년 5월 12일 세계에서 15번째로 방송을 시작했다. 컬러텔레비전은 매우 늦어서 1980년 12월이다. 라디오나 텔레비전이나 그것이 귀하던 시절에는 온 동네 사람들이 그 문명의 기기 앞에 옹기종기 모여 함께 듣거나 시청했다. 특히 필자는 어린 시절 텔레비전을 돈을 내고 구경한 적이 많다. 황금박쥐나 요괴인간이 얼마나 흥미진진했는지….

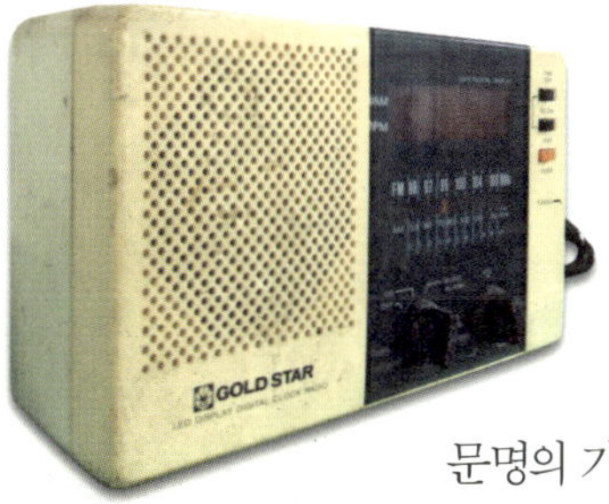

라디오는 1927년부터 방송되었다.
1950년대 국산 금성라디오. (덕포진교육박물관)

문명은 빛으로 시작되는 것

남포등 하면 순우리말 같지만 본래 영어 램프(lamp)와 한자 등(燈)이 합쳐진 말이다. 즉 석유나 알코올을 이용해 가열하여 불을 밝히는 기구에서 유래한다. 석유가 우리나라에 처음 수입된 것이 1876년이니 남포등은 우리네 생활을 바꾼 개화기 때의 묘물이라고 할 만하다.

남포등은 그 밝기가 옛날 등잔에 비할 바가 아닌데, 한 가지 흠이라면 석유를 태울 때 생기는 그을음이다. 그래서 남포등 아래에서 책을 읽거나 공부를 오래 하면 코 밑이 새까매지곤 했다. 그을음이 많은 까닭에 남포등은 부엌 또는 마당을 비추는 처마 아래에 달아두고 사용했다. 그리고 장사꾼들이 사람을 모으려고도 많이 썼다.

지난 날 많이 사용했던 조명기구인 남포등
(필룩스조명박물관)

우리말 중에는 호롱불이니 호야등이

호리병 같이 길쭉한 모양의 남포등

니 하는 말이 있는데, 이는 모두 남포등의 다른 말이다. 호롱이란 항아리처럼 생긴 그릇이란 뜻으로, 사기나 유리, 또는 금속으로 만든다. 아랫부분에는 석유와 같은 연료를 넣고 입구에는 심지를 꽂아 그 크기를 조절해 불을 밝힌다. 그런데 호야라는 말은 어디에서 유래할까? 일설에는 오랑캐 호(胡), 밤 야(夜) 자를 써서 서양 오랑캐들이 밤을 밝히는 등이라고 하여 호야등이라고 했다고 하지만, 일본의 광학기기 회사인 호야주식회사에서 비롯된 말이다. 1940년대에 이 회사는 남포등을 만들어 돈을 꽤 많이 벌었다. 최근 호야주식회사는 펜탁스를 인수 합병해 아직도 건장함을 보여주었다.

한편, 오일램프는 남포등보다 고급으로 주로 파라핀유를 사용하던 등이다. 금속 또는 유리 용기에 꼭지쇠를 달고 심지를 넣어 그 심지를 올렸다 내렸다 하며 밝기를 조절했다. 오일램프는 그 용도가 다양해서 글을 읽을 땐 책상 위에 두어 스탠드처럼 사용하기도 했으며, 마차에 달아 밤길을 밝히기도 했다.

가스등은 18세기 말 산업혁명이 일어날 때부터 유럽에서 널리 쓰이던 등이다. 석탄에서 뽑은 가스를 사용했는데, 우리나라에서는 탄광 등지에서 사용되었다.

이러한 등의 시대를 거쳐 등장한 것이 바로 에디슨의 백열전구다. 백열전구는 에디슨 이전에도 많은 사람들이 발명하려고 노력했고, 실제로도 여러 가지 백열전구가 만들어졌지만 실용화에는 문제가 있어 에디슨을 실제적인 발명가로 쳐준다. 에디슨만이 45시간 이상 꺼지지 않는 전구를 발명해냈던 것이다. 이후 에디슨은 수없는 실패 끝에 필라멘트를 사용하는 백열전구를 만들어 수명을 엄청나게 늘였다. 그리고 형광등은 1938년 제너럴일렉트릭 사가 수은등 내면에 형광물질을 발라 개발해냈다. 전력 소비는 백열전구의 절반 이하고 수명은 6배가 길며 빛도 부드럽고 백열전구만큼 뜨겁지도 않은 장점을 가져 오늘날에도 가장 널리 쓰인다. 우리나라에서는 1955년에 형광등이 수입되었고 1957년부터는 국산품으로 대량생산되었다.

요즘은 발광다이오드를 많이 쓰는데, Light Emitting Diode를 간략히 줄여서 LED라고도 부른다. 이는 갈륨비소 등의 화합물에 전류를 흘려 빛을 발산하는 반도체 소자이다.

알코올 등을 사용하는 오일램프.(왼쪽)
가스등은 석탄에서 추출한 가스를 사용했다.

옛날에는 이런 마차등이 볼거리 중의 하나였다. (왼쪽)
겉 유리 색깔을 달리 해서 멀리에서도 볼 수 있도록 한 사인램프. (오른쪽)

본래 전자회로 부품이었으나 1960년대 말부터 조명에 쓰이기 시작해, 요즘은 LED가 들어가지 않는 기기가 없을 정도가 되었다. 앞으로는 가로등까지도 LED로 사용하는 시대가 될 것으로 보인다.

문명은 빛으로 시작된다. 남포등이나 가로등이 하찮아 보이지만 한때는 문명의 이기로서 우리에게 편리함을 주었던 물건임을 생각하면 얼마나 고귀한 생활유물인가.

강원도 오지마을에는 아직도 100여 가구가 호롱불을 켜며 살고 있다고 한다. 전기는 보통 5가구 정도가 연결할 수 있는 곳에 공급되는데, 이들은 여전히 한두 가구씩 뚝뚝 떨어져 산속 깊은 곳에서 살아 공급이 되지 않기 때문이란다. 아직도 100여 년 전 개화기의 모습을 간직하고 있지 않을까 하여 왠지 한번 가보고 싶은 마음이 인다.

전기수가 읽어주던 옛이야기

옛날에 책을 읽어주는 사람이 있었다. 책을 가방 가득 넣고 이 마을 저 마을 다니면서 낭낭한 목소리로 책을 읽는데, 하도 재미있어서 더러는 사랑방에 며칠 기거하면서 동네 사람들에게 책을 읽어주곤 했다. 그러한 직업을 전기수(傳奇手)라고 했는데, 한자로 된 이 말은 기이한 이야기를 전하는 사람이라는 뜻이다.

역사적으로는 임진왜란 이후부터 전기수가 있었다고

고대소설 딱지본. (국립민속박물관)

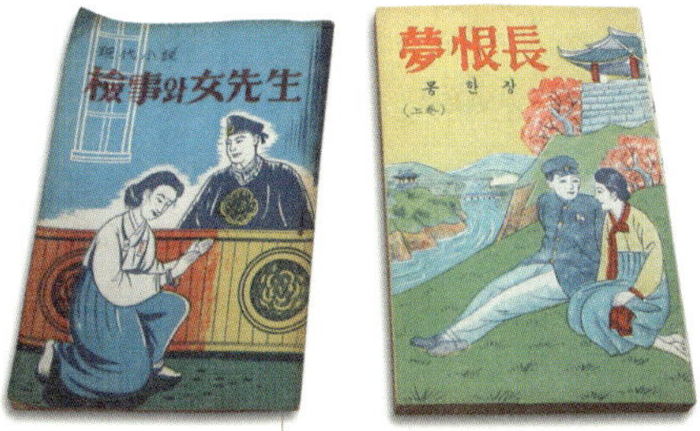

번안 소설인 「검사와 여선생」과 「장한몽」. 「장한몽」은 이수일과 심순애를 주인공으로 하는 소설로 신파극으로 많이 올려졌다. (국립민속박물관)

하며, 당시에는 「삼국지」나 「서유기」와 같은 중국 고대 소설을 들려주었단다. 문맹이 워낙 많던 시대이니 충분히 신빙성이 있다. 영정조 시절에는 이들이 꽤 활동했는지 조수삼(1762~1849)이 쓴 「기이」라는 책에는 전기수에 대한 이야기가 나온다.

'이들은 숙향전, 소대성전, 심청전, 설인귀전과 같은 한글 소설을 잘 읽었다. 매월 초하루는 제일교 아래, 이일은 제이교, 삼일은 배오게, 사일은 교동 입구, 오일은 대사동 입구, 육일은 종각 앞에 앉아서 책을 읽었다. 이렇게 올라갔다가 칠일부터는 다시 내려온다. 책을 재미있게 읽기 때문에 사람들이 담처럼 둘러서서 듣는다. 읽다가 가장 중요하며 들을 만한 대목에 이르러서는 이들은 일부러 갑자기 멈추고 아무 말도 하지 않는다. 그러면 사람들은 다음이 궁금하여 다투어 돈을 던지는데, 이를 요전법이라고 한다.' 이들의 이야기가 얼마나 실감났던지 「정조실록」에는 영웅담을 듣던 어느 남자가 영웅이 꺾이는 순간 칼로 전기수를 찔렀다는 기록도 전해진다.

이런 전기수들이 일제강점기 때 서양 인쇄술이 널리 보급되면서 더욱 인기를 끌었는데, 고대 소설이나 설화, 일본 소설을 번안한 소설 등을 얇은 책자로 만들어서 갖고 다녔다. 흥미로운 것은 전기수들 중에는 문맹이 많았단다. 글자만 알아도 면서기를 해 먹던 시절이다. 그런데, 책은 어떻게 읽어주었냐고 물을 게다. 별 도리가 없다. 책 내용을 모조리 외우는 수밖에. 내용을 훤히 꿰고 있으니 이야기는 아주 흥미진진하게 할 수 있었다는데, 더러는 각색도 할 정도로 임기응변도 좋았다.

전기수들은 해방 뒤에도 꽤 많았는데, 시골을 다니면서 활동했으며 서울에서는 파고다 공원에서 청중들을 모아놓고 이야기를 풀어헤치곤 했다. 그땐 이야기뿐만 아니라 정치나 경제 이야기도 섞어서 사람들에게 세상 돌아가는 이야기도 들려주었다. 오늘날 청계천이 복원된 뒤에 나이 지긋하신 분이 포도대장이나 포졸 옷을 입고 전기수 역을 하고 있다고 하니 한번 가서 만나봄 직하다.

그런데, 일제강점기 때부터 전기수들이 갖고 다니는 책들을 흔히 딱지본이라고 했다. 내용 중 흥미진진한 장면을 알록달록하게 그려 표지로 삼은 이 책들은 겉에 진체구좌라

설화도 딱지본으로 많이 만들어졌다. (국립민속박물관)

「춘향전」은 가장 인기 높은 딱지본으로 이본만도 수십 종류나 되었다. (남원향토사박물관)

는 것을 표시한 딱지를 붙여 놓아 딱지본이라고 불렀는데, 나중에는 스탬프로 찍었다. 진체구좌란 우체국에 송금하는 계좌로 책을 구입할 때 사용한다.

그런데, 이 딱지본은 얇은 책자라서 가격이 상당히 저렴해 국수 한 그릇 값이면 살 수 있었단다. 그래서 당시 국수 한 그릇에 6전 한다고 해서 붙여진 것이 육전소설이다. 최초의 딱지본은 1912년에 나온 춘향전의 개작인 「옥중화」로 알려져 있다. 딱지본에는 춘향전이나 흥부전과 같은 고대 소설류도 있었고, 옛날부터 내려오는 설화를 소설화한 것도 있었으며, 「검사와 여선생」이나 「장한몽」처럼 일본 소설을 번안한 것도 있었다.

딱지본은 일제강점기 때 많이 만들어져 그때의 것만 있는 것으로 흔히 알고 있지만 인기가 매우 높아 1970년대까지도 심심치 않게 만들어졌다. 「춘향전」 같은 명작은 하도 인기가 많아 1년에 40만 부씩 팔기도 했다. 그만큼 옛날에는 읽을 것이 드물었으며, 이 책들이 그나마 대중들의 독서문화에 적지 않은 영향을 끼쳤음을 알 수가 있다.

경찰차는 왜 백차라고 했을까?

요즘 경찰차는 일반 승용차와 다르지 않다. 그러나 예전에는 백차라고 해서 흰색 지프가 경찰차의 대명사로 통했다. 그런데, 왜 하필 경찰차는 백차였을까? 1950년대 초창기 경찰차는 흰색이었기 때문인데, 당시에 사용하던 지프는 미군이 남기고 간 윌리스라는 군용 지프였다. 이 지프는 경찰뿐만 아니라 관공서에 널리 사용되었는데, 본래는 독일군의 기동력에 맞서 개발된 차량이다. 제2차 세계 대전 때 미

1950년대 경찰차는 백차라고 했다. (경찰박물관)

사이드카는 요즘도 의전용, 행사용으로 사용된다. (경찰박물관)

군은 이 지프를 무게 250kg 이하, 3명의 성인과 짐을 싣고 경사로를 오를 수 있어야 한다는 조건으로 군용으로 썼다.

당시에 경찰차를 백차로 만든 이유는 한국전쟁이 끝난 어수선한 상황에서 국내 치안을 담당했던 미국 헌병차를 그대로 경찰차로 썼기 때문이라고도 하고, 관공서에 널리 쓰이던 윌리스가 모두 비슷해 경찰차를 별도로 구분하기 위해서 흰색으로 칠해서 사용했다고도 한다. 그런데, 이 지프는 군부 독재 시절에 상당히 위압적이고도 무서운 인상을 주었다. 일반 범죄자들도 많이 실려 갔지만 민주화 운동을 하는 학생이나 민주 인사를 붙잡아가는 데에 많이 활용되었기 때문이다.

한편 백차와 더불어 유명한 것이 사이드카다. 오토바이 옆에 탈것을 부착해서 사이드카라 불리는데, 해방 뒤에 한국전쟁이 일어날 때까지 많이 사용되었다. 경찰박물관에 전시되어 있는 것은 실제 사용하던 것으로 BMW사에서 생산한 것이다. 물론 요새도 사이드카는 많이 사용되는데, 주로 의전용 또는 행사용이다. 특히 마라톤 대회 때 보면 달리는 선수들을 호위하기 위한 사이드카가 보인다.

격동의 근현대사를 담은 신문

"김일성이 죽었어요!"

1986년 11월 17일 서울에서는 때 아닌 난리법석이 났다. 김일성이 피격되어 사망했다는 소식이 전해진 것이다. 당시 신문들은 앞 다퉈 이 사실을 호외로 보도했다. 평양방송에선 장송곡이 울려 퍼지고, 전방 북한 마을에는 조기가 게양되었다고 신문들은 전했다. 그러나 오보였다. 김일성은 이후 8년을 더 산 뒤 1994년 7월 8일 83세 나이로 죽었다.

호외라면 신문에서 호수를 따지지 않는 신문을 이르는

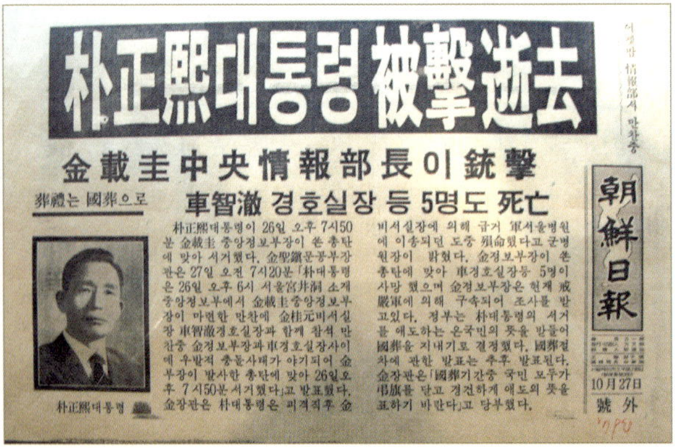

朴正熙대통령 被擊逝去

어젯밤 情報部서 만찬중

金載圭中央情報部長이 銃擊

車智澈 경호실장 등 5명도 死亡

葬禮는 國葬으로

朴正熙대통령

朴正熙대통령이 26일 오후 7시50분 金載圭 중앙정보부장이 쏜 총탄에 맞아 서거했다. 金聖鎭문공부장관은 27일 오전 7시20분 「朴대통령은 26일 오후 6시 서울宮井洞 소재 중앙정보부에서 金載圭중앙정보부장이 마련한 만찬에 金桂元비서실장 車智澈경호실장과 함께 참석 만찬중 金정보부장과 車경호실장사이에 우발적 충돌사태가 야기되어 金부장이 발사한 총탄에 맞아 26일오후 7시50분 서거했다」고 발표했다. 金장관은 朴대통령은 피격직후 金비서실장에 의해 급거 軍서울병원에 이송되던 도중 殞命했다고 군병원장이 밝혔다. 金정보부장이 쏜 총탄에 맞아 車경호실장등 5명이 사망 했으며 金정보부장은 현재 戒嚴軍에 의해 구속되어 조사를 받고있다. 정부는 朴대통령의 서거를 애도하는 온국민의 뜻을 받들어 國葬을 지내기로 결정했다. 國葬절차에 관한 발표는 추후 발표된다. 金장관은「國葬기간중 국민 모두가 弔旗를 달고 경건하게 애도의 뜻을 표하기 바란다」고 당부했다.

朝鮮日報

10月27日 號外

1979년 10월 27일 조선일보에서 발간한 박정희 대통령 서거 호외(신문박물관)

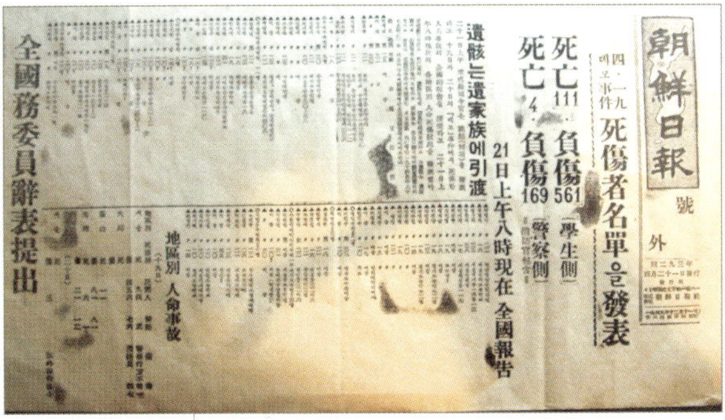
朝鮮日報 號外

四·一九 데모事件 死傷者名單을 發表

死亡 111 負傷 561 (學生側)

死亡 4 負傷 169 (警察側)

21日上午八時現在 全國報告

遺骸는 遺家族에引渡

地區別 人命事故

全國務委員辭表提出

1960년 4월 21일 조선일보에서 발간한 4.19의거 호외.

말이다. 지금에야 인터넷이 발달해 거의 사라졌지만 1990년대 중반까지만 해도 대형 사건이 터지면 어김없이 시중에 나도는 것이 호외였다. 언론사들은 1분 1초라도 먼저 호외를 뿌리는 것이 타 경쟁사를 앞서는 것으로 생각했다. 1920년대부터 민족지로 경쟁을 펼친 〈동아일보〉와 〈조선일보〉의 호외 경쟁은 대표적이다. 1925년 서울에 대홍수가 났을 때, 수차례 호외를 내며 서로 빨리 냈다고 했으며, 1937년 7월 중일전쟁 때에도 50여 차례나 호외를 내며 전황을 타전했다.

이후 1950년 한국전쟁 때나 1960년 4.19의거, 5.16 군사정변과 같은 대형사건 때마다 호외가 났으며, 양정모 선수가 1976년 몬트리올 올림픽 레슬링에서 건국 후 처음으로 금메달을 땄을 때에도 호외가 났다. 호외가 발행되면 거리에는 이 호외를 뿌리는 신문팔이 아이들이 뒤춤에 방울을 달고 뛰어다녀 방울소리가 요란했다. 시민들은 그 방울소리만 들으면 '오늘도 뭔

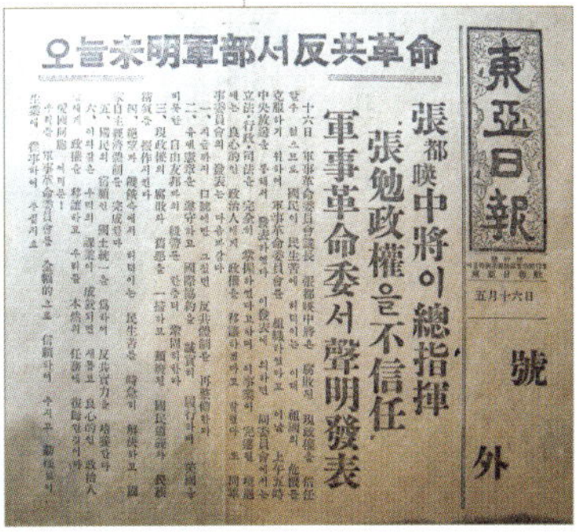
東亞日報 號外

오늘未明軍部서反共革命

張都暎中將이 總指揮

張勉政權을 不信任

軍事革命委서 聲明發表

1960년 동아일보에서 낸 5.16혁명 호외.

일 터졌군' 하곤 생각했다.

그런데, 대체 호외는 언제부터 생겨났을까? 알려지기로는 미국 최초의 신문인 《보스턴 뉴스레터Boston News Letter》가 1704년 6월 30일 당시 악명 높던 6명의 해적이 처형된 사실을 보도한 것이 처음이라고 한다. 일본에서는 1868년 5월 16일자 <중외(中外)신문>이 창의대(彰義隊) 사건을 '별단(別段) 중외신문'이란 이름으로 호수 없이 발행한 것을 첫 호외로 꼽는다. 별단이란 네덜란드에서 유래된 Extra를 번역한 것이라고. 오늘날 영어권에서는 여전히 호외를 Extra로 표시한다.

대한일보
武裝共匪 21명 서울浸透 기도
一部는 自爆, 3명生捕, 殘黨追擊
仁川 松島 조개고개에 出現
버스 奪取하고 노량진으로
8月23日 (月曜日)
號外

1971년 8월 23일 대한일보에서 발간한 실미도 사건 호외. 당시에는 무장공비의 서울침투사건으로 다뤘다.

한편, 우리나라에서 첫 호외는 인천에서 일본인이 발행한 <조선신보>의 1894년 7월 23일자 호외다. 당시 이 신문은 당일 오전 일본군의 경복궁 급습사건을 호외로 보도했다. 그러나 이는 일본인이 낸 것이고 우리나라 사람이 낸 첫 번째 호외로는 <독립신문>을 손꼽는다. 1896년 4월 7일 창간(이날이 지금 신문의 날이다)한 <독립신문>은 1898년 2월 19일 미국 군함 메인 호가 쿠바 하바나항에서 폭침된 사실을 호외로 보도했다. 국내 사건이 아니라 해외사건을 호외로 보도한 것이 특이하다.

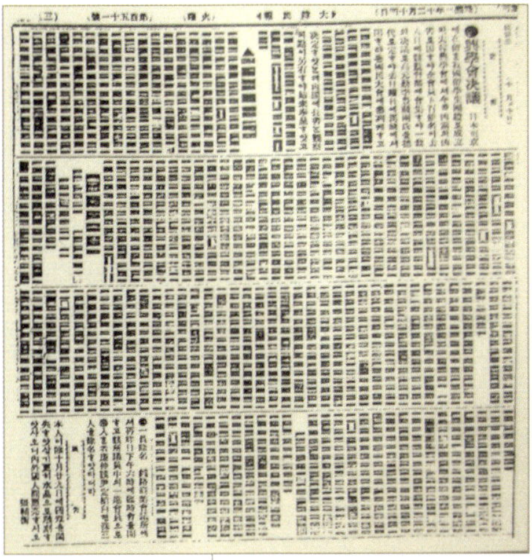

대한민보 창간호의 벽돌신문. 일제강점기 때 조선총독부의 검열에 걸린 부분을 활자를 거꾸로 해서 찍었다.

호외는 성격상 한시라도 빨리 내야 독자로부터 선택을 받으므로 더러는 오보도 났으니 앞서 밝힌 김일성 피격 이외에도 여러 건이 있다. 대표적인 것이 1907년 헤이그 밀사인 이준 열사가 할복자살했다는 <대한매일신보>의 호외, 1968년 <국제신문>의 '국교생 살인범 검거' 호외 등이다. 비록 호외가 이러한 실수는 있었지만은 굵직굵직한 사건은 모두 다루고 있으니 호외만 죽 모아 엮어도 한 권의 역사책이 된다.

이왕 신문에 대해 알아보았으니 특이한 것 한두 가지 더 알아보자면 우리나라는 일제강점기와 군부독재 시절을 겪으며 신문이 엄청난 시련을 겪어왔다는 점이다. 일제 때는 조선총독부의 검열을 받아 파행적인 발간이 속출했는데, 동아일보와 조선일보 등이 발간정지를 당하는 일도 있었다. 또 일제의 검열에 의해 기사가 빠져야 하는데, 대체할 기사가 만들어지지 않아 활자를 거꾸로 찍어서 낸 것도 있는데, 이는 마치 작은 벽돌을 쌓은 것 같아서 벽돌신문이라고 불렀다.

이 시기의 특징 가운데 하나로 '삭제호외'를 들 수 있다. 당시 총독부는 검열을 거쳐 이미 호수가 매겨져 발행된 신문

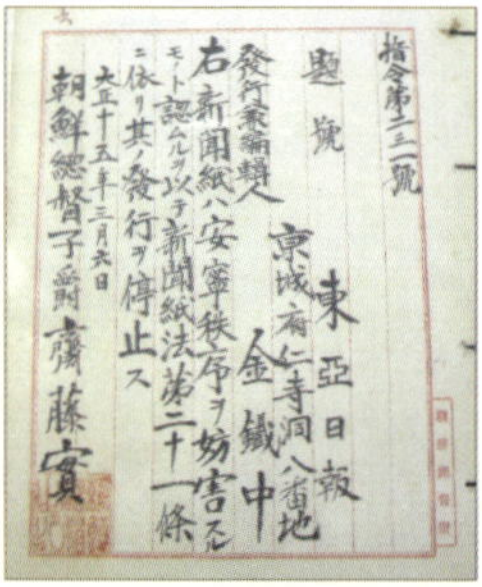

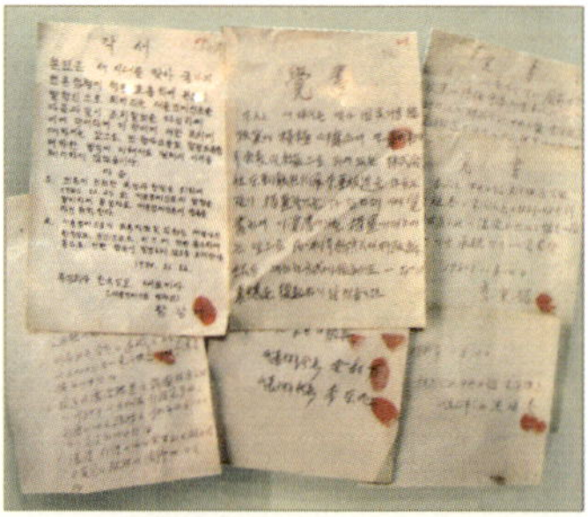

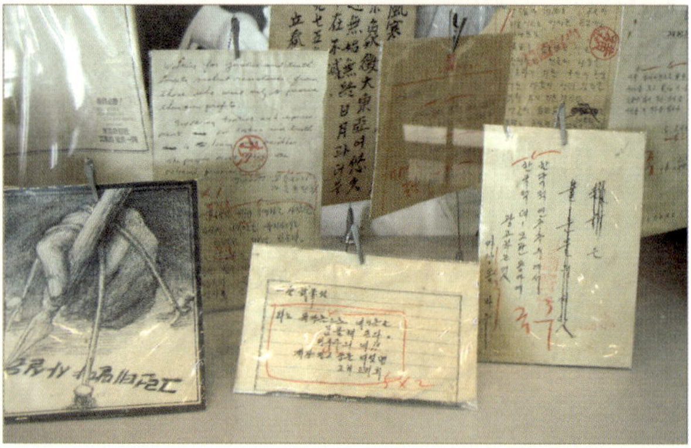

일제강점기 때 동아일보와 조선일보는 조선총독부에 의해 여러 차례 발간정지를 당하곤 했다. (위 왼쪽)
1980년 언론통폐합 때 각 언론사의 포기각서. (위 오른쪽)
1974년 유신정권 때 언론탄압으로 인해 광고를 게재하지 못하던 동아일보에는 독자의 격려문과 광고가 속속 배달되었다. (아래)

이라도 문제의 기사가 발견되면 이를 압수하거나 배포를 금지시켰다. 이런 경우 신문사는 문제의 기사를 삭제한 후 다시 신문을 발행했는데, 하루에 호수를 두 번 매길 수 없으므로 결국 '호외'의 형태로 발행할 수밖에 없었다. 이것이 바로 삭제호외다.

인터넷이 아무리 발달해도 즉시적이라서 보존의 의미는 미약한 반면 신문은 당대를 반영하는 거울이며 역사의 생생한 기록물이다. 그런 의미에서 신문은 인류가 살아 있는 한 어떤 형태로든 계속 발간될 것으로 보인다.

달동네 물지게와 화장실

1970년대 초만 해도 서울 변두리에는 수도가 집집마다 들어가지 않아서 우물물을 먹거나 돈을 내고 물을 사다 먹었다. 필자 역시 어린 시절에 서울에 살면서도 우물물을 길어다 먹었던 기억이 난다. 그때 사용하던 것이 바로 물지게이다. 우물물이건 수돗물이건 늘 줄을 서곤 했다.

어른들 중에는 간혹 이렇게 말씀하시는 분이 계신다.

1970년대 초반만 해도 수도가 없는 집이 많아 물지게로 물을 길어오곤 했다. (수도국산달동네박물관)

"어릴 때 무거운 거 너무 많이 들어서 키가 안 컸어."

그런데, 실제로 연탄이나 물을 져주고 벌어먹고 사는 사람도 있었다. 우리 동네 물지게꾼은 하도 운동이 되었는지 근육도 이만저만 나온

도깨비라도 나올 듯한 재래식 공동변소의 모습. (수도국산달동네박물관)

게 아니었고, 키도 장대처럼 컸던 기억이 난다. 수도꼭지만 틀면 맑은 수돗물이 콸콸 나오는 요즘으로서는 도저히 상상하기 힘든 일이다.

한편, 화장실 역시 마찬가지다. 공중변소라고 해서 몇 집이 같이 쓰는 화장실이 있었는데, 아침마다 화장실 앞에 줄을 서서 볼일 보려고 기다리곤 했다. 요즘처럼 비데는 물론 양변기조차 없고 내리는 물 역시 없었다.

요즘에는 관공서는 물론 일반 회사에서도 화장실을 개방하고 있지만 예전에는 급할 땐 돈을 치르고 볼일을 봐야 했다. 필자 역시 현재 총신대 전철역 부근의 유료 화장실을 몇 번 이용한 바 있다. 그런 화장실에는 으레 희한한 낙서가 눈길을 끌곤 했다.

그때 집집마다 갖추고 있던 것은 요강이다. 밤중에 갑

옛날에는 왜 그리 쥐가 많았는지 모른다. 쥐덫. (타임캡슐)

자기 급해지면 밖에 나갈 수도 없고, 사실 겁이 덜컥 났으니까, 집안에서 해결하고자 하는 것이 요강이다. 지금 생각해 보면 여간 불결한 것이 아닌데, 그땐 왜 그게 그렇게도 자연스러웠는지….

지난 일을 추억하는 데에 또 빠질 수 없는 것이 쥐덫이다. 요즘은 고양이가 워낙 많아져서 쥐가 좀 줄어들었는지 본 지도 꽤 오래 되었는데, 그땐 왜 그렇게 쥐가 많았는지 모르겠다. 특히 옛집에는 지붕과 천정 사이에 빈 공간으로 쥐들이 지나가는 소리가 우당탕탕 하고 나곤 했다. 하수구 구멍에서도 나타나고, 담벼락 갈라진 틈새로도 들락거리고. 그래서 집집마다 쥐약도 놓고 쥐덫도 놨다. 쥐덫은 안에 밤과 같은 미끼를 넣어두면 쥐가 들어가다 찰칵하는 소리와 함께 갇히는데, 정말 큰 쥐도 여러 번 보았다.

쥐약에 얽힌 에피소드가 하나 있다. 시골에 살 때 어머님이 굴뚝 근처에 쥐덫을 놓으신 적이 있다. 필자가 보니 웬 고기가 있는 게 아닌가. 토실토실한 멸치였다. 그래서 그것을 들고 어머님한테 달려가 이렇게 외쳤다.

"엄마, 이 고기 먹어도 돼?"

고기 구경 별로 못했던 시절이라서 멸치만 봐도 고기로 착각했던 시절이다.

화장실이 밖에 있던 시절 요긴하게 쓰던 요강. (타임캡슐)

최고의 멀티미디어 시청각 교재

옛날 교재를 보면 희한한 것이 많다. 우선 사판. 모래를 담은 판이라는 뜻인데, 모래 위에 글씨를 썼다 지웠다 하며 사용하던 것이다. 종이가 귀한 시절, 우리의 선조들은 사판에 연습을 하면서 천자문을 익히곤 했다.

사판보다 한층 발전한 것이 분판이다. 나무판에 들기름이나 콩기름을 먹여 말린 뒤 판 위에 하얀 석회분을 기름에 개여 발라 말리면 분판이 된다. 이 판은 휘지 않도록 흔히 판 양끝에 틀을 댔다. 이 위에 물을 묻힌 붓으로 글씨를 쓰면 마치 먹으로 쓴 것처럼 글씨가 씌어졌으며, 좀 지나면 말라서 없어졌다. 여기에는 직접 먹을 묻힌 붓 글씨도 썼는데, 쓰고 난 뒤 걸레로 지우고 다

옛 시청각 교재인 연극틀. 개미와 베짱이 이야기가 걸려 있다. (덕포진교육박물관)

종이가 귀하던 시절, 글씨 연습을 했던 사판. (안동민속박물관)

시 쓰곤 했다. 「백범일지」에 보면 김구 선생이 분판으로 글씨 연습을 했다고 한다.

그런데, 덕포진교육박물관에서 발견한 연극틀은 정말 희한했다. 마치 텔레비전 화면처럼 꾸며진 틀 속에 그림 동화를 한 장씩 끼워 넣어 아이들에게 이야기를 들려주는 것으로 오늘날로 치자면 시청각 교재인 VTR쯤 될 것이다. 가난했던 시절의 추억이다.

이 연극틀은 실제 사용하던 것으로 김동선 관장이 교사로 재직하며 수집한 것이다. 박물관 한 켠에는 옛 교실이 재현되어 있는데, 단체 관람객이 올 경우 김 관장의 부인인 이인숙 선생님이 이 연극틀로 수업을 한다. 필자는 두세 번 들어 보았다. 그때마다 마치 어린시절로 돌아간듯한 느낌이 들었다.

꼭 값나가는 유물만 소중한 게 아니다. 연극틀처럼 우리의 부모들이 직접 보고 배우던 교재도 매우 소중하다. 그 안에서 꿈을 꾸었으니 말이다.

연탄이 모자라서 배급을 받고

30년 전만 해도 연탄은 겨울철 가장 중요한 연료였다. 그래서 늦가을이면 김장과 더불어 연탄을 들여놓는 것이 월동 준비였다. 쓰레기장에는 연탄이 가장 많이 차지할 정도였으며, 겨울철 눈이 내려 빙판길이 되면 연탄재를 깨트려 미끄러지는 것을 방지하기도 했다.

연탄은 그렇게 널리 사용되었으나 유독 가스를 내뿜어 간혹 연탄가스에 중독되어 목숨을 잃는 사람도 있었다. 필자 역시 어린 시절 연탄가스를 마신 일이 있는데, 아버님이 동치미 국물을 한 사발 필자 입에 부어 넣어 살아난 기억이 난다.

연탄은 달동네에서는 그야말로 골칫거리 중 하나였으

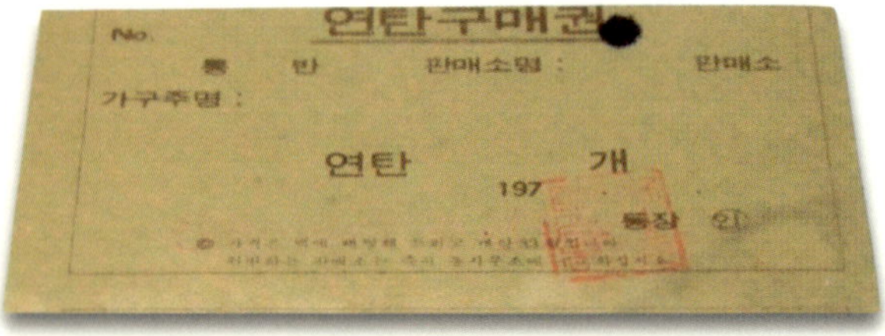

인천 송현동 달동네에서 사용하던 연탄구매권. (수도국산달동네박물관)

가정용 연탄은 대개 19구공탄이었다. 그러나 요즘은 22구공탄이 대세다. (태백석탄박물관)

니 연탄을 주문하면 연탄 배달 아저씨는 지게에 가득 연탄을 실어서 아슬아슬한 길을 올라가곤 했다.

그런데, 참 희한한 것이 돈이 있다고 연탄을 마음대로 살 수 없었던 모양이다. 인천의 수도국산달동네박물관에서 발견한 연탄구매권이 그것을 증명한다. 인천시 동구 송현동에서 썼던 연탄구매권의 설명에는 1966년 10월 아랍 산유국들이 석유 생산을 중단하여 연탄을 생산하는 데에 차질을 빚었고, 연탄 값이 한 장에 10원에서 17원까지 뛰어올랐으며, 그것도 연탄배급권이 있는 이에게만 판매를 했단다.

연탄은 흔히 가정용은 19공탄이라고 해서 연탄 구멍이 19개인 것을 주로 썼다. 연탄 구멍이 있어야 공기가 통해 잘 탔으며, 또한 다 탄 연탄을 갈 때 연탄집게로 넣어 끄집어내는 데에도 용이했다. 연탄을 갈 때에는 구멍을 잘 맞춰야지 자칫 잘못하면 불이 꺼지거나와 불이 붙더라도 나중에 연탄을 가는 데에 애로사항이 많았다.

연탄은 더러 구공탄이나 27구공탄과 31공탄도 있는

1950년대에는 구멍이 아홉 개인 구공탄도 있었다. (태백석탄박물관)

데, 먼저 27구공탄과 31공탄은 식당용이다. 가령 가마솥을 끓인다면 화력이 센 것으로 끓였던 것이다. 군부대에서도 31구공탄을 사용했다.

보통 19공탄을 간단히 구공탄이라고도 불렀지만 실제로 구공탄도 있었다. 1962년에 연탄의 표준이 19공탄으로 정해지기 전에는 구멍이 아홉 개인 구공탄도 꽤 많이 만들어졌는데, 모양이 꼭 십자라서 십자탄 또는 구멍탄이라고 불렀다.

예전 같지는 않지만 오늘날에도 물론 연탄은 사용된다. 포장마차나 떡볶이 가게, 군고구마 등지에 연탄을 볼 때마다 가난했던 70년대를 떠올리곤 한다. 요즘에는 19공탄 대신 구멍이 22개짜리를 쓰는데, 이는 화력을 더 좋게 하기 위해서이다.

군부대나 사무실, 식당 등지에서 주로 썼던 31구공탄. (태백석탄박물관)

사라져가는 놀이 기구

88올림픽 때 개막식에 등장한 어린이 놀이 기구가 굴렁쇠다. 굴렁쇠는 쇠로 둥글게 만든 것을 굴렁대며 노는 것인데, 당시 문화부장관이던 이어령 씨가 우리나라를 널리 알리고 세계의 평화를 상징한다는 의미로 굴렁쇠를 등장시켰다고 한다.

'굴렁쇠 굴리는 소년을 통해 전쟁을 겪고 이뤄낸 한강의 기적, 우리는 소년에게 어떤 세상을 만들어 줘야 할까, 함께 고민하자는 의미였으며 그 굴렁쇠를 굴림으로써 소란과 꽉 참이 아닌 침묵과 비움을 통해 어떤 메시지를 주고 싶었고 융합, 통합, 소통 등의 메시지가 세계에 전해진 것이다.'

이어령 전장관의 말이다.

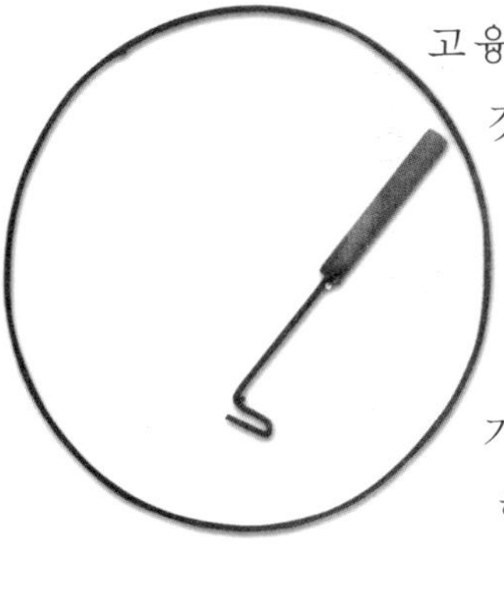

주로 해거름에 많이 놀았던 굴렁쇠. 88올림픽 개막 행사로 등장하기도 했다. (타임캡슐)

굴렁쇠는 대나무로도 만들었는데, 자전거가 들어온 뒤에는 자전거 바퀴를 이용하기도 했다.

한편 Y자 나뭇가지로 만든 새총도 남자 아이

들 장난감으로는 최고였다. 고학년은 실제로 새를 잡기도 했으며, 새를 잡기 위해 깡통을 맞추는 연습을 하곤 했다.

새총은 꼬마 다윗이 골리앗을 이긴 이야기를 담고 있는데, 물론 고무줄 새총과는 달랐을 것이다. 돌을 넣어 발사할 수 있었다는 뜻에서 새총이지 당시에는 고무줄이 없었으니 말이다. 옛날에는 한쪽 눈을 감고 겨냥을 해서 새를 잡았는데, 요즘 새총은 최첨단 기능을 탑재하고 있다. 양궁에서 사용하는 핸드그립도 있고, 작으나마 최첨단 적외선 망원경까지 달린 새총도 나와 있다. 탄알은 쇠구슬로 실제 새 사냥에 써도 충분하다.

남자 아이들의 장난감이던 새총. (타임캡슐)

새총에 못지않은 것이 고무줄 파리총이다. 나무젓가락을 이용해 만든 파리총은 고무줄을 강하게 발사해 파리를 잡는 것인데, 위생에는 좋지 않아 보이지만 나름 재미있었던 기억이다.

겨울철에 많이 놀던 것이 썰매. 썰매는 바닥에 굵은 철사를 대어 만들지만 강철로도 만들어 타곤 했다. 요즘 겨울은 온난화 영향으로 얼음이 자주 얼지 않지만 30년 전에는 한번 얼음이 얼면 봄까지 풀리지 않는 경우가 많아 썰매를 자주 탔다. 본래 썰매는 옛날에 산간 지방에서 수렵이나 물건 운반을 위한 생활 도구였다. 모양은 꼭 스키와 닮은 것, 일반적으로 물건

아이들이 타고 놀던 썰매. (안동민속박물관)

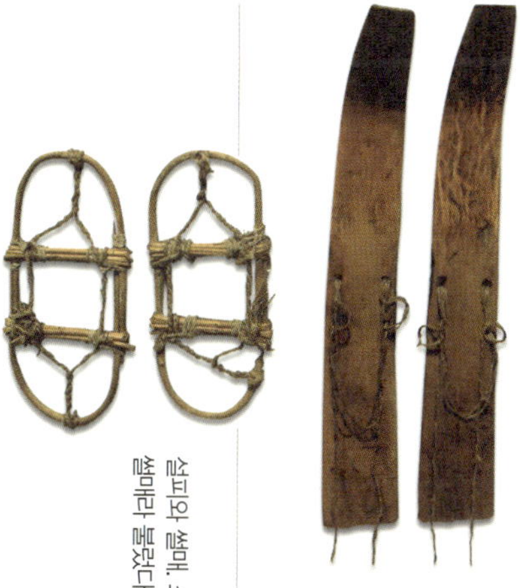

설피와 썰매. 스키처럼 생긴 것도 썰매라 불렀다. (강릉시립박물관)

을 실을 수 있는 것 등이 있었다. 특히 물건을 나르는 썰매는 조선 시대 때 공사에 자주 사용되었단다. 창경궁과 창덕궁 재건 공사를 기록한 〈의궤〉에도 썰매가 등장하며, 수원 성곽을 쌓을 때에도 썰매를 사용했다는 기록이 있다.

그런데, 이 썰매라는 말이 눈 위를 달리는 말이라는 뜻인 설마, 설매 등으로도 불렸다고. 곧 말이나 매처럼 빠르다는 의미란다.

한편, 어릴 때 많이 갖고 놀던 것 중에 팽이가 있다. 우리나라 전통팽이는 아래 위가 긴데, 이것을 채로 쳐서 돌린다. 필자가 어릴 때에는 옆으로 넓적한 팽이를 팽이줄로 감아서 돌렸는데, 이는 일본식 팽이다. 팽이도 구슬처럼 따 먹기 시합을 했던 기억이 난다. 팽이는 다른 어떤 놀이보다도 오래되어 중국 당나라 때 유행한 것이 신라에 전파되었다고 한다. 「일본서기」에는 720년 팽이가 신라에서 일본으로 전래되었다고 기록되어 있다.

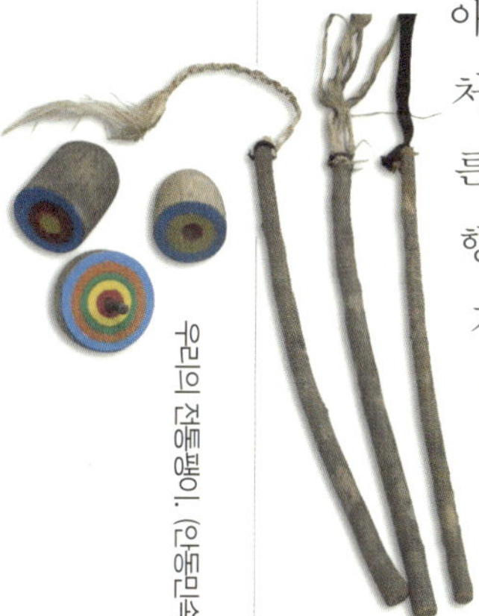

우리의 전통팽이. (안동민속박물관)

지금은 거의 사라지고 관광지에나 가야 구경할 수 있는 우리의 옛날 놀이들, 그것을 가지고 놀던 때가 그리운 것은 아마 70~80 세대라면 누구나 마찬가지일 것이다.

뱀주사위 놀이를 아시나요?

어릴 때 뱀주사위 놀이는 그야말로 흥미진진한 게임이었다. 주사위를 던져 나온 수만큼 올라가는데, 거의 다 왔다 싶을 즈음엔 뱀을 밟아 저 아래로 미끄러지곤 해서 더욱 흥미로웠다. 주사위와 종이로 된 놀이판만 있으면 되니 이보다 더 간단하고 흥미진진한 놀이가 있었을까 싶다.

이 놀이가 더욱 재미있는 것은 공부를 열심히 하거나 부모님 말씀을 잘 들으면 고속도로를 타고 앞으로 쭉쭉 나가고, 게으르거나 말썽을 피우면 뱀을 밟아 뒤로 쭉 미끄러진다는 점이다.

이 놀이는 서양에서는 뱀사다리 게임으로 불리는데, 기원전 2세기경 인도에서 처음으로 시작되었다고 알려져 있다. 당시에는 온갖 유혹을 물리치고 깨달음에 이르는 과정을 담았다고 한다. 이것이 1892년에 영국으로 전해졌으며, 1943년에 미국에서 처음으로 상품화되었다고.

70~80세대들은 한번쯤 해봤을 뱀주사위 놀이. (타임캡슐)

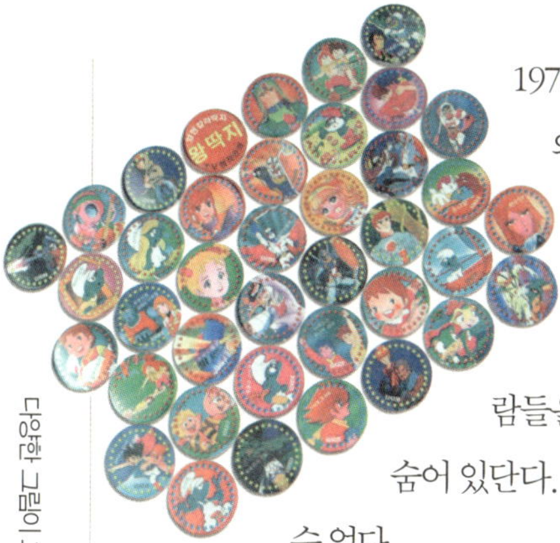

다양한 그림이 그려져 있는 딱지. (타임캡슐)

1970년대에 우리나라에 들어 와서는 사다리 대신에 고속도로를 표시했는데, 여기에는 당시 고속도로 건설에 반대하는 사람들을 염두에 둔 홍보 전략이 숨어 있단다. 참 기가 막힌 일이 아닐 수 없다.

특히 내용이 권선징악으로 번안한 것은 특징이다. 가장 크게 오를 수 있는 것은 20번 간첩 신고였다. 간첩을 신고한 뒤 표창장을 받고 무려 54단계 상승해서 74번으로 올라간다. 불발탄 가지고 놀다가 다치거나, 공부 안 하다가 거지가 된다는 등의 내용은 지금으로 보면 좀 심한 발상이기는 하나 하여튼 한때 큰 인기를 차지하던 놀이임은 분명

딱지와 장난감으로 가득 차 있던 학교앞 가게 모습. (수도국산달동네박물관)

여학생들이 놀던 종이 인형 옷 갈아입히기. (부천교육박물관)

하다.

아이들 놀이 중 딱지와 구슬 역시 대단한 인기였다. 딱지는 문방구에서 둥그런 것을 사서 놀았는데, 겉에는 별이 그려져 있고, 어떤 딱지는 만화처럼 흥미로운 대사도 있었다. 구슬치기는 땅바닥에 삼각형을 그려 놓고 그 안에 각자 몇 개씩 구슬을 넣은 뒤에 멀리서 맞춰서 삼각형 밖으로 나오면 갖는 게임을 즐겼다. 물론 홀짝이나 일본어인 '이치니쌈'을 하기도 했다. 딱지와 구슬 먹기를 귀신 같이 잘하는 친구들도 많았는데, 특히 구슬치기를 잘해 훗날 운동 선수가 된 이도 적지 않다.

여자들은 인형 놀이를 자주 했는데, 종이 인형으로 많이 놀았다. 종이 인형에 여러 가지 옷을 입히면서 마치 자신이 입는 듯한 기분을 만끽했다.

도시락과 불량 식품의 추억

난로 위의 도시락. (부천교육박물관)

도시락이 그리울 때가 있다. 학창 시절, 도시락을 싸 가지고 다니면서 공부했는데, 워낙 배고픈 시절이라서 1~2 교시만 끝나면 먹었던 기억이 새롭다. 반찬은 대개 김치 또는 콩자반이나 멸치볶음인데, 밥 위에 계란프라이라도 있으면 눈이 휘둥그레지곤 했다.

겨울이 되면 도시락이 차가워지니까 난로 위에 얹었다가 따끈하게 데워 먹었는데, 맨 아래에 놓아두면 누룽지까지 만들어졌다. 그러나 좀 괜찮게 사는 집 아이들은 보온 도시락을 별도로 들고 다녔다.

필자뿐 아니라 70~80세대들은 고교 시절에는 대부분 도시락을 두 개씩 싸 가지고 다녔다. 저녁에 야간 자율 학습(그때 자율 학습이 아니라 강제 학습에 가까웠음)을 두세 시간 더 했기 때문이다. 그런데, 이 도시락으로 장난을 치기도 했으니 남의 도

학교 앞에서 팔던 불량 식품들. 쫀드기와 쫄쫄이가 인기였다. (부천교육박물관)

시락을 몰래 먹어치우고 개구리를 넣어두기도 했다. 또 옛날에는 쌀이 귀하던 때라서 보리 혼식을 권유했으며, 날마다 선생님이 보리가 제대로 섞여 있는지 도시락 검사를 하시곤 했다. 순 쌀밥만 싸온 아이는 벌을 세우시거나 청소 당번을 시켰으니 다 호랑이 담배 먹던 옛날이야기다.

참, 흥미로운 것은 학교 앞 문방구에서 팔던 불량 식품이다. 지금에 생각하니 불량 식품이지 당시에는 인기 만점이었다. 쫀드기나 쫄쫄이, 라면땅 같은 것들은 값도 싸고 맛도 좋았다. 특히 여름철에 먹는 아이스께끼는 별미였다. 하드통이라는 곳에 넣어 팔았는데, 요즘으로 치면 아이스크림 전용 냉장고다. 또 예전에는 형들이 아이스박스를 메고 다니며 '아이스께끼, 아이스께끼' 하고 외치면서 다니기도 했다. 모두가 지금은 박물관에서나 볼 수 있는 추억이다.

여름철에는 하드가 인기. 옛날 하드통이다. (타임캡슐)

어린이를 사로잡았던 만화 영화들

30~40세대들에게는 영원한 우상인 아톰. (로봇박물관)

컴퓨터가 없던 시절, 만화 영화와 만화는 어린이들에게 가장 인기 있는 볼거리였다. 필자 역시 어린 시절 만화와 텔레비전을 하도 봐도 눈이 나빠진(?) 경우인데, 황금박쥐와 요괴인간, 우주소년 아톰, 마린보이와 같은 만화 영화를 보고 자란 세대이다. 만화로는 길창덕이나 윤승운, 이상무 등의 작품을 많이 보았다. 특히 <어깨동무>나 <소년중앙> 같은 종합지에는 여러 가지 유익한 것도 많았고, 만화도 여러 편 실렸었다.

그런데, 지금도 쇼킹하게 기억에 남는 것이 원더우먼이다. 원더우먼은 만화는 아니지만 만화 같은 내용이었으며, 특히 평범한 숙녀가 용감한 원더우먼으로 변신하는 모습은 그야말로 눈부셨다. 당시로서는 상상할 수 없는 야한 복장 때문이다. 게다가 얼굴은 얼마나 예뻤던지. 1972년 미스월드 USA 1위로 뽑힌 린다 카터였으니 말이다. 우리나

1970년대 말 많은 어린이들을 야릇하게 만들고 했던 원더우먼. (씨네팰리스)

라에는 1970년대 후반에 소개되었다.

본래 원더우먼은 1941년 찰스 물톤이라는 사람이 연재한 대중만화로 세계에 등장했으며, 방송으로 제작된 것은 1975년이다.

그리고 격투기 로봇이 또한 한동안 인기를 끌었으니 로보트태권브이와 마징가제트, 짱가 등이 1970년대 말 인기를 구가하던 로봇들이다. 일본 슈퍼로봇 애니메이션계의 효시인 마징가제트는 1972년 제작되었고, 우리나라에는 1975년에 처음으로 소개되었다. 당시 얼마나 인기가 대단했는지, 초등학교에 가면 공책에 마징가제트 그림을 그리지 않은 아이들이 별로 없을 정도였다. 우리나라에는 좀 더 늦게 소개되었으나 짱

1976년 국내 최초로 제작된 로봇애니메이션 로보트태권브이. (로봇박물관)

우리나라 최초의 로봇 장난감 캡틴. (로봇박물관)

가 역시 1972년에 일본에서 제작된 만화 영화다.

이런 일본의 만화 영화에 자극을 받아 탄생한 국산 로봇 만화 영화는 로보트태권브이다. 1976년에 제작된 이 만화 영화는 주인공이 태권도를 구사하는 로봇이라는 점, 흥미진진한 스토리 등으로 금새 어린이들의 우상이 되었다. 국회의사당의 둥근 천장이 열리면 마징가제트가 나온다느니, 한강 속에 로보트태권브이가 숨어 있다느니, 광화문에 서 있는 이순신 장군 동상이 전쟁이 일어나면 전투용 로봇이 된다느니 하는 말들은 로봇 전성 시대에 나온 헛소문들이다.

참고로 우리나라 최초의 로봇 장난감은 무엇일까?

세계 최초의 로봇 장난감인 틴맨은 오즈의 마법사에 나오는 깡통로봇을 실제로 만든 것이다. (로봇박물관)

1968년에 제작된 캡틴이다. 그리고 세계 최초의 로봇 장난감은 1900년대에 독일에서 만든 틴틴으로 오즈의 마법사에 나오는 깡통로봇을 실제로 만들어본 것이었다.

필자가 최고로 치는 만화 영화는 우주소년 아톰이다. 일본 만화계의 대부 데즈카 오사무가 1952년부터 1968년까지 일본 <소년>지에 발표한 원작을 만화 영화로 제작한 것인데, 어릴 때 아톰을 보면서 웃기도 많이 웃었고 울기도 많이 울었다. 특히 어른들이 보는 권투 중계와 맞물릴 때에는 떼를 쓰고 운 적이 기억난다. 아톰을 통해 정의는 반드시 승리한다는 것, 그리고 따뜻한 인간애 등등을 배웠던 것 같다. 아톰은 2000년대에 들어와 다시 태어났는데, 놀랍게도 다음 일곱 가지 초능력을 지닌다는 설정이다.

벌써 둘리가 28살이나 되었다. (한국만화박물관)

첫째, 제트 분사로 하늘을 난다.
(우주에서는 로켓으로 갈아 끼움)
둘째, 60개국 언어를 구사한다.
셋째, 사람의 선악을 파악할 수 있다.
넷째, 청력을 1000배까지 향상 시킬 수 있다.
다섯째, 눈에서 빛을 발하여 비출 수 있다.
여섯째, 엉덩이에서 기관총이 나온다.
(TV 리메이크 판에선 손가락 레이저 광선)
일곱째, 10만 마력의 힘을 지닌다.
(후에 원작에서는 100만 마력으로 강화)

아톰은 학습물은 물론 캐릭터, 소품 등 산업에 막대한 영향을 끼쳤으며, 오늘날에도 스포츠산업에까지 이어져, 프로축구 포항의 마스코트가 아톰이다. 포항 아톰즈라고 한다. 또한 일본 프로야구단 중에는 산케이와 야쿠르트도 아톰스를 팀명으로 사용했다.

뺑뺑이 추첨기가 뭐지?

예전에는 서울에서도 중학교와 고등학교에 가려면 시험을 치러야만 했다. 좋은 학교에 가야 대학에 갈 수 있었으므로 명문 중학교, 명문 고등학교는 경쟁률이 매우 세었는데, 당시 입시는 오늘날 못지않게 아주 치열했다. 중학교 가려고 학원과 과외를 다녔으며, 좋은 중학교에 들어가지 못한 아이는 재수를 해서 기필코 원하는 중학교에 가기도 했다. 물론 고등학교도 마찬가지다.

1969년 2월에 실시된 서울 중학교 무시험 추첨에서 사용되었던 추첨 기계. (서울교육사료관)

어린 학생들이 너무 입시에 시달리자 정부에서 특단의 조치를 취했으니 1969년도 입학생부터 중학교 시험을 없애고 무시험 추첨을 도입했다. 이것은 초등학교 교육 정상화와 입학

고등학교에 가기 위해서는 입시 시험을 치러야 했다. 당시 사용하던 입시 참고서. (부천교육박물관)

경쟁의 부담을 줄이기 위한 것이다. 무시험으로 하니까 좋은 학교를 배정받으려면 추첨을 해야 했고, 그때 사용한 것이 바로 중학교 무시험 추첨기다. 빙글빙글 돌린다고 해서 일명 뺑뺑이 추첨기라고도 한다.

이후 고등학교는 1973년 법을 개정해서 컴퓨터 추첨으로 배정했다. 물론 거주지별로 가장 가까운 곳에 배정되도록 했지만 학생이 많은 지역에서는 먼 곳에 있는 학교에 배정되는 문제도 발생했다. 하지만 이를 통해 고교 평준화를 어느 정도 이루어냈으며, 예전에 명문고로 불리던 학교 이외에도 신흥 명문 고등학교가 우후죽순으로 생겨났다. 필자 역시 한때 빤짝 하고 명문고로까지 격상된 고교에 진학해 3년간 거의 초죽음 공부(?)를 했던 것 같다.

당시 명문고의 기준은 대학에, 특히 서울대학교에 몇 명을 입학시키느냐, 였으며 그래서 또 하나의 문제는 자신이 원하는 학과에 들어가지 못하고 경쟁률이 비교적 낮은 곳으로 들어가는 학생도 있었다는 것이다. 또한 좋은 고등학교에 들어가려고 위장 전입하는 가정도 늘어나 사회 문제가 되기도 하였다.

아무튼 중학교 무시험 추첨은 1969년 2월 5일 처음으로 시행되었는데, 당시 203개 초등학교에서 모인 5만 311명의 남자 어린이들이 추첨장에 모여서 자신이 가고 싶은 학교를 직접 추첨했다. 여학생 4만 113명은 다음 날에 추첨했다. 1970년부터는 전국 10대 도시로 확대되었으며, 1971년에는 전국적으로 시행되었다. 추첨은 은행알로 하였는데, 수동식이었다가 2년 뒤부터는 컴퓨터로 자동 추첨했다.

그런데, 왜 이런 중학교 무시험제가 시행되었을까? 원인을 파고 들어가 보면 1965년 무즙파동이란 게 있다. 당시 전기 중학교 시험 문제 중 '엿기름 대신 넣어 엿을 만들 수 있

1970년대 공부방 모습. 고교 입시를 위해 각성제까지 먹어가면서 공부하던 시절이 있었다. (부천교육박물관)

는 것은?'이라는 문제가 나왔다. 답 중 1번 디아스타제와 2번 무즙이라는 것이 있는데, 본래 출제 의원들이 의도한 정답은 1번이었으나 2번인 무즙으로 엿을 만들 수 있다는 의견이 제시되었으며, 출제 측에서는 둘 다 맞았다고 하다가, 다시 1번만 인정하는 등 갈팡질팡 하는 바람에 문제가 더욱 커졌다. 결국 법정까지 가게 되었으며, 학부모 중에서 무즙으로 엿을 만들어서 제출해 1, 2번이 모두 정답이 되는 판결이 났다. 이로 인해 39명의 낙방자가 구제되었다.

이 사건으로 중학교 평준화가 거론되기 시작해서 결국 서울시내 130개 초등학교 교장들이 건의문을 제출해, 법을 제정 시행하게 된 것이다.

요즘은 외고나 과학고, 국제고등학교 등지에서 입시를 치름으로써 다시 입시제로 회귀되는 현상이 벌어지고 있다. 게다가 일부 학교에서는 영재반을 만들어 특수 교육을 시행하기도 한다. 지난 과거를 생각해 보면 그리 바람직하지는 않은 현상이라고 생각한다.